Moosgummi – Marionetten
Lustige Motive zum Nacharbeiten

Andrea Ott-Wiechert

MOOSGUMMI MARIONETTEN

Lustige Motive zum Nacharbeiten

ENGLISCH VERLAG

Die Deutsche Bibliothek – CIP-Einheitsaufnahme

Moosgummi-Marionetten : lustige Motive zum Nacharbeiten/
Andrea Ott-Wiechert. - Wiesbaden : Englisch, 1994
ISBN 3-8241-0560-8

ISBN 3-8241-0560-8
Titelfoto und Fotos Innenteil Reinhard Berg.

Printed in Germany.

Inhaltsverzeichnis

Hallo, liebe Bastelfreunde!

Moosgummi ist ein phantastisches und sehr vielseitiges Bastelmaterial, durch das meine zuvor etwas eingeschlafene Bastelleidenschaft wieder zu neuem Leben erweckt wurde.
Der Kreativität sind keine Grenzen gesetzt, ob Fensterbilder, Uhren oder sogar Marionetten, es gibt nichts, was mit Moosgummi nicht hergestellt werden könnte.
Auch in seiner Handhabung ist dieses Material so pflegeleicht und robust, daß auch kleine Künstler ohne weiteres ihrer Phantasie freien Lauf lassen können.
Die Herstellung der in diesem Buch vorgestellten Marionetten ist gar nicht so schwer, wie es auf den ersten Blick vielleicht aussehen mag. Über ein wenig Fingerspitzengefühl sollte man aber schon verfügen. In einer kleinen, privaten Bastelrunde konnte ich feststellen, daß auch die Jüngsten in unserem Kreis tolle Ergebnisse erzielten. Nur bei der Aufhängung der Marionetten sollte man den Kindern noch etwas unter die Arme greifen, da die dünnen Nylonfäden manchmal recht widerspenstig sind.
So, nun viel Spaß bei der Erstellung dieser, wie ich meine, sehr lustigen Figuren und ein gutes Gelingen!

Andrea Ott-Wiechert

Was wird gebraucht?

Moosgummi ist ein sehr vielseitig verwendbares Bastelmaterial, das, wie man aus diesem Buch ersehen kann, unter anderem auch zur Herstellung von Marionetten geeignet ist.
Da Moosgummi in seiner Anschaffung recht preiswert ist, sind die Kosten für eine Marionette aus diesem Material im Verhältnis zu einer Marionette aus Holz natürlich sehr viel geringer. Ein Hobby also, das für jedermann erschwinglich ist und bei dem ein Fehlschlag kein allzu großes Loch in die Finanzen reißen würde. Ein Fehlschlag ist bei den von mir vorgestellten Marionetten allerdings kaum zu erwarten.
Der Vorteil von Moosgummi ist, daß es ein sehr robustes Bastelmaterial ist, das weder ausbleicht noch Eselsohren bekommen kann, so ist es auch für Kinderhände bestens geeignet. Ungiftig ist es außerdem, Sie brauchen also keine Angst zu haben, wenn die Kinder einmal darauf herumkauen sollten. Der Werkstoff ist in den Stärken 1 mm, 2 mm und 3 mm, in allen gut geführten Bastel- oder Heimwerkerläden erhältlich. Vor kurzem sind auch Platten in 8 mm Stärke und Röhrchen auf den Markt gekommen, somit sind den Bastelfans wirklich keine Grenzen mehr gesetzt.
Für die Marionettenproduktion brauchen Sie außer Moosgummi in verschiedenen Stärken und Farben natürlich noch ein adäquates Handwerkszeug, das aus
- einer scharfen Bastelschere
- einer Nagelschere
- einem Papiercutter
- einer Gürtellochzange
- einem Sekunden- oder Kraftkleber
- einer Nähnadel
- einem Bleistift
- einem Lineal und
- einem wasserfesten schwarzen Filzstift bestehen sollte.

Weiterhin benötigen Sie
- hölzerne Schaschlikspießchen (aus Mamas Küchenschublade)
- Unterlegscheiben (aus Papas Werkstatt)
- Holzkugeln in verschiedenen Farben und Größen
- dünnes Nylongarn (in der Kurzwarenabteilung erhältlich)
- bunte Pfeifenputzer
- Hohlschnur aus Moosgummi
- Moosgummiröhrchen
- Holz-Fertigteile

Wie wird's gemacht?

Anfertigen von Schablonen

Um die ausgesuchten Motive auf Moosgummi übertragen zu können, empfiehlt es sich, zuvor eine Schablone aus festem Karton anzufertigen. Diejenigen, die das Arbeitsbuch auch als solches ansehen, können hierfür unter die Seite, auf der die entsprechende Vorlage ist, ganz einfach Durchschlagpapier legen und die Konturen so auf Karton übertragen.
Dann wird die Schablone ausgeschnitten. Natürlich kann man auf diese Weise die Formen auch direkt auf Moosgummi übertragen, aber sauberer wird es auf die zuvor beschriebene Version.
Außerdem gibt es noch die Möglichkeit, die Vorlage mit einem weichen Bleistift auf Transparentpapier abzupausen. Legt man das Transparentpapier nun mit der bemalten Seite auf Moosgummi, lassen sich die Bleistiftkonturen ganz einfach darauf abrubbeln.

Die fortgeschrittenen Bastler können sicherlich die einfachen Formen freihändig übertragen.

Benutzung von Schere oder Cutter

Die Verwendung eines Cutters empfiehlt sich besonders bei größeren Formen. Schöne gerade Schnittkanten sind das Resultat. Für Rundungen eignet sich besonders gut eine gebogene Nagelschere.

Grundregel zur Herstellung der Marionetten

Hat man alle Teile einer beliebigen Marionette ausgeschnitten, sollte diese vor dem endgültigen Zusammenkleben oder Verknüpfen paßgerecht aufeinandergelegt werden.
So können eventuelle Korrekturen vorgenommen werden.

Gelenke der Marionetten

Für die Gelenke benötigen Sie im allgemeinen ein Stück eines hölzernen Schaschlikspießes, zwei Unterlegscheiben und zwei Moosgummipunkte. Durch die Unterlegscheiben, die jeweils zwischen den Gliedern und dem Körper auf der Achse beziehungsweise auf dem Schaschlikspieß sitzen, wird die Reibung zwischen den Moosgummiteilen verringert, so daß sich Arme und Beine ungehindert bewegen können.
Die Moosgummipunkte werden auf die Enden der Achse geklebt. Sie verhindern das Herausfallen von Gliedern oder der Achse selbst.

Aufhängung

Für die Aufhängung der Marionetten habe ich dünnes Nylongarn benutzt, das in der Kurzwarenabteilung erhältlich ist. Der Vorteil von diesem dünnen Garn ist, daß es sich gut verknoten läßt. Bei Verwendung von stärkeren Garnen würden sich die Knoten schnell wieder lösen. Außerdem ist es durchsichtig und fällt so nicht so sehr ins Auge, denn das Hauptaugenmerk soll sich ja auf die Marionetten richten.
Wichtig bei der Anbringung der einzelnen Glieder ist, daß die Fäden zwar unter Spannung stehen, die Glieder dabei jedoch nicht angehoben werden, da die Bewegungsabläufe sonst verkürzt sind.
Zuerst sollten die starren Körperteile (wie z. B. Kopf und Rumpf) am Spielkreuz befestigt werden. Die Länge der Fäden, die an den beweglichen Körperteilen (Arme und Beine) angebracht werden, richtet sich dann jeweils nach dem Abstand zum Spielkreuz.
Wie bereits erwähnt, ist es wichtig, den Faden gespannt zu befestigen. Am besten läßt sich das mit zwei Personen bewerkstelligen. So kann der eine das Spielkreuz festhalten, während der andere die Nylonfäden verknotet.

Spielkreuze

Es gibt Spielkreuze in vielen Varianten, auch als Fertigprodukt in Bastelläden zu kaufen. Da diese jedoch im Verhältnis zu den Marionetten aus Moosgummi recht kostspielig sind, würde ich Ihnen empfehlen, auch die Kreuze selbst herzustellen. Geeignete Materialien hierfür sind: fester Karton oder Pappe und Holzleisten.
Kartonkreuze können mit Moosgummileisten in denselben Maßen überklebt werden. Das läßt sie nicht ganz so trist erscheinen.

Ein Spielkreuz besteht aus einer Hauptstrebe und ein bis zwei Querstreben. Kreuze mit nur einer Querstrebe (Kreuztyp A) werden bei Marionetten mit zwei beweglichen Gliedern angewandt. Kreuze mit zwei Querstreben (Kreuztyp B) verwendet man folglich für Marionetten mit vier beweglichen Gliedern.
Kopf und Rumpf bringt man in der Regel an der Hauptstrebe an, während Beine und Arme an den Querstreben befestigt werden.
Die Maße der jeweiligen Spielkreuze sind individuell für jede Marionette unter dem Absatz „Aufhängung" vermerkt. Auch die jeweilige Stelle für die Befestigung der Glieder ist dort zu entnehmen.

Die freche Charlotta

Im Gegensatz zu Ihrer Kusine Pippi Langstrumpf ist Charlotta zwar zur Schule gegangen, sie ist aber genauso frech wie ihre rothaarige Verwandte. Auch die gewaltige Kraft von Pippi ist ihr zu eigen, so hat sie schon manches Abenteuer erlebt, und mit eurer Phantasie stehen ihr noch einige lustige Streiche bevor.

Material

- 3 mm starkes Moosgummi in den Farben Blau, Gelb, Rot, Schwarz, Rosa und Weiß
- 1 mm starkes Moosgummi in Grün
- gelbes Baumwollgarn
- 8 Briefstecker
- schwarzer, wasserfester Filzstift
- Nylongarn

Anleitung

Nachdem alle Teile, die wir für Charlotta benötigen, ausgeschnitten sind, fertigen wir zunächst Arme und Beine an. Hierfür klebt man die Hände an die Unterarme und die Unterschenkel senkrecht auf die Füße. An den markierten Punkten (siehe Vorlage S. 18) stanzt man nun ein Loch mit der Gürtelzange. Die Löcher an Ober- und Unterschenkel werden übereinandergelegt. Da hinein wird ein Briefstecker gesteckt, dessen Enden nach außen gebogen werden. Dabei sollte man darauf achten, daß das Gelenk noch genug Spiel hat, um sich reibungslos bewegen zu können. Dieser Vorgang wird für das zweite Bein und die Ober- und Unterarme wiederholt. Auf den Kopf klebt man nun die Augen mit eingemalter Pupille und darunter die Nase. Die Zähne werden erst aufgeklebt, wenn der Mund schon aufgemalt ist. Nun noch ein paar Tupfen als Sommersprossen, und das kecke Gesicht ist fertig. Die Zöpfe werden aus gelbem Baumwollgarn gefertigt, indem man etwa 26 Fäden von etwa 40 cm Länge zusammenlegt und in der Mitte abbindet. Dann wird etwas Klebstoff auf den Hinterkopf, die Stirn und die Schnittkanten des Kopfes aufgetragen. Für den Pony klebt man etwa 3 – 4 cm lange Fadenstücke nebeneinander auf die Stirn. Anschließend befestigt man den Haarschopf am Kopf: Die Mitte der Haare wird auf die Mitte des oberen Randes des Hinterkopfes geklebt. Nun können die langen Zöpfe von Charlotta geflochten werden. Sie werden durch eine kleine Schleife aus Baumwolle gehalten. Das Kleid besteht aus zwei grünen Hälften. Auf die eine Hälfte klebt man den Kopf, die Armausschnitte und die Beinhalterungen, die zuvor jeweils ein Loch für die Gelenke erhalten haben. Arme und Beine werden nun mit vier Briefsteckern am Kleid befestigt. Dann versieht man die Ränder des Kleides mit Klebstoff. Beim Rock trägt man den Kleber auf die Schnittkanten auf.
Anschließend wird die zweite Hälfte aufgelegt. Der Rock muß etwas gewölbt werden, damit die Schnittkanten aufeinander gelangen. Auf Vorder- und Rückseite des

Kleides können abschließend noch ein paar Flicken aufgeklebt werden, die mit einigen schwarzen Strichen an den Rändern verdeutlicht werden.

Aufhängung

Kreuztyp B
2 Querstreben: 12 cm
1 Hauptstrebe: 20 cm
A = Kopf
B = Hände
C = Knie

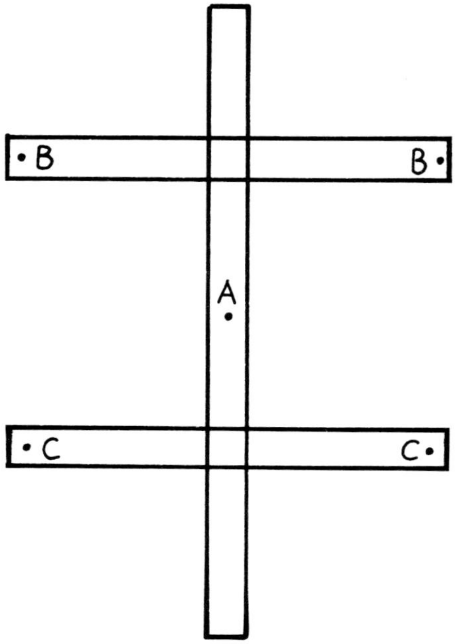

Der lustige Lukas

Der kleine Lukas ist Charlottas jüngerer Bruder. Auch er ist ein richtiger Lausbub. Die Herstellung von Lukas unterscheidet sich nur in wenigen Punkten von Charlotta.

Material

- 3 mm starkes Moosgummi in den Farben Blau, Rosa, Schwarz und Grün
- 2 mm starkes Moosgummi in Rot
- wasserfester, schwarzer Filzstift
- 8 Briefstecker
- gelbes Baumwollgarn
- Nylonfaden, Nähnadel

Anleitung

Alle Teile der Marionette werden gemäß der Originalvorlage (siehe S. 19) ausgeschnitten.
Auf den Kopf werden die Augen mit aufgemalter schwarzer Pupille und die Nase geklebt. Sommersprossen und Mund malt man danach auf das Gesicht.
Die Haarpracht von Lukas besteht aus ungefähr 30 Fäden gelben Baumwollgarnes von etwa 8 cm Länge. Diese werden in der Mitte abgebunden und auf den Hinterkopf geklebt. Nun wird der Kopf sowie die Arm- und Beinhalterungen, in die zuvor ein Loch mit der Gürtelzange gestanzt wurde, auf einer Hälfte des Hemdes befestigt. Die entsprechenden Stellen hierfür sind der Vorlage zu entnehmen.
Die Hände klebt man an die Unterarme und die Unterschenkel senkrecht auf die Füße.
Die gelochten Glieder werden durch Briefstecker miteinander verbunden und ebenfalls mittels Briefstecker an Arm- und Beinhalterungen fixiert. Dann erst klebt man die andere Hemdhälfte auf, dabei sollte die Schnittkante rechts und links aufeinandergeklebt werden. Ein paar grüne Flicken, die vorne und hinten auf das Hemd geklebt und mit Strichen ringsherum versehen werden, bilden den Abschluß.

Aufhängung

Kreuztyp B
2 Querstreben: 11 cm
1 Hauptstrebe: 13 cm
A = Kopf
B = Knie
C = Hände

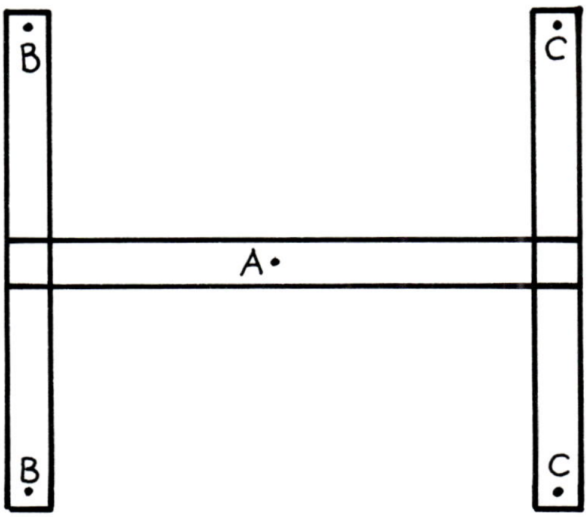
B
C
A
B
C

Fred vom Jupiter

Dieser lustige Geselle mag auf den ersten Blick vielleicht komplizierter aussehen, als er eigentlich ist. Erfahrungsgemäß ist er ein Favorit aller Kinder, die ihn ganz einfach „super-mega-galaktisch" gut finden.

Material

- 3 mm starkes Moosgummi in den Farben Lila, Gelb, Hellgrün
- 2 mm starkes Moosgummi in den Farben Weiß und Rosa
- 1 Pfeifenputzer, grün
- 2 türkisfarbene Kugeln
- 8 grüne Kugeln
- Nylongarn, Nähnadel

Anleitung

Die ausgeschnittenen Platten werden der Größe nach – von groß nach klein – auf beide Seiten der Grundform geklebt. Für Nase und Schwanz des Außerirdischen klebt man die kleinen Moosgummipunkte mit der Tendenz nach oben oder unten versetzt aufeinander, dann klebt man erst den fertigen Rüssel auf das Gesicht und den Schwanz auf das Hinterteil. Unter dem Rüssel werden die Zähne befestigt. Die Augen sitzen auf den Fühlern, gefertigt aus einem etwa 10 cm langen und in der Mitte geknickten Stück Pfeifenputzer sowie aus zwei türkisfarbenen Kügelchen, die auf dessen Enden geklebt werden.
Die Augen mit den aufgemalten Pupillen werden dann auf die Kugeln geklebt. Jetzt kann Fred wenigstens schon sehen. Am Knickpunkt des Pfeifenputzers wird dann etwas Kleber aufgetragen und an dieser Stelle über dem Rüssel am Kopf angebracht.
Rund um den Zipfel auf Freds Kopf wird etwas Klebstoff aufgetragen, worauf kleine, gelbe Moosgummistifte geklebt werden. Dieser Vorgang muß wiederholt werden, will man Fred eine üppigere Haarpracht geben. Für die Beine verknotet man zunächst jeweils einen Nylonfaden in der Mitte der froschähnlichen grünen Füße, dann werden abwechselnd grüne Kügelchen und Kreise auf den Faden geschoben, der anschließend am Körper befestigt wird. Die Arme bestehen aus jeweils einem 10 cm langen Pfeifenputzer mit aufgeklebter Handfläche. Sie werden rechts und links am Oberkörper fixiert. Zuletzt verbindet man durch einen Nylonfaden, auf den zuvor vier gelbe Kreise als Halspartie gezogen wurden, den Körper mit dem Kopf. Achten Sie darauf, daß sich die Verknotungen nicht wieder lösen. Das Nylongarn ist mitunter sehr widerspenstig (Vorlagen S. 20).

Aufhängung

Kreuztyp A
1 Hauptstrebe: 20 cm
1 Querstrebe: 16 cm
A = Kopf
B = Füße

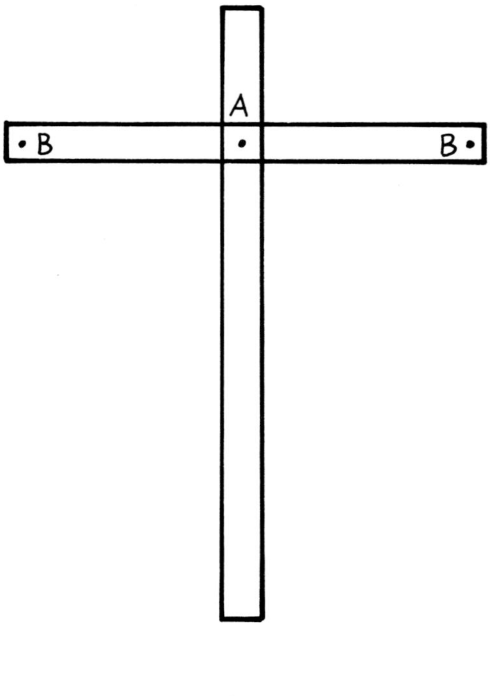

An den beiden Füßen wird jeweils ein Nylonfaden befestigt, der dann rechts und links an die Querstreben geführt wird, der Kopf wird ebenfalls mit einem Nylonfaden versehen und in der Mitte des Hauptstrebens verknotet.

Elisabeth vom Mars

Elisabeth ist eine sehr gute Bekannte von Fred. Zusammen haben sie schon manche Reise zu Pluto, Neptun und Saturn gemacht, wo sie viele Bekannte besuchen können. Für Außerirdische sind bekanntlicherweise Lichtjahre wie Katzensprünge.

Material

- 3 mm starkes Moosgummi in den Farben Hellgrün und Gelb
- 2 mm starkes Moosgummi in Dunkelgrün
- 1 mm starkes Moosgummi in Weiß
- 1 grüne Hohlschnur aus Moosgummi
- 4 Pfeifenputzer (2 gelb, 1 hell- und 1 dunkelgrün)
- schwarzer, wasserfester Filzstift
- Nylonfaden, Nähnadel

Anleitung

Nachdem alle Teile der Außerirdischen gemäß der Vorlage von S. 21 ausgeschnitten wurden, klebt man die Kreise des Kopfes aufeinander, und zwar beidseitig den jeweils kleineren auf den größeren. Die trichterförmige Nase besteht aus vier vollständigen Kreisen und drei gelöcherten. Zuerst werden die vier ganzen Kreise der Reihe nach auf das Gesicht geklebt, worauf die gelöcherten drei größer werdend darauf gesetzt werden. Auf dem aufgemalten Mund fixiert man die Zähne. Die fühlerartigen Augen werden aus einem halben, grünen Pfeifenputzer gefertigt, der in der Mitte geknickt und dann nach unten gebogen wird. Die Pfeifenputzerenden erhalten einen Tropfen Klebstoff, auf den die Augen mit aufgemalter Pupille geklebt werden. Für die Haare wird der mittlere Teil eines hellgrünen Pfeifenputzers zickzackförmig geknickt. Dann teilt man einen gelben Pfeifenputzer in der Mitte und verzwirbelt je eine Hälfte an dem zweiten und vorletzten Knick des grünen Pfeifenputzers. Um die Haarpracht zu fixieren, gibt man etwas Klebstoff auf den oberen Rand des Kopfes. Der Körper ist aus beidseitig aufgeklebten und kleiner werdenden Kreisen gefertigt. Die Farben wechseln zwischen Hell- und Dunkelgrün ab. Die Handflächen klebt man nun auf je eine Hälfte eines gelben Pfeifenputzers, der am anderen Ende am Körper befestigt wird.

Dann verknotet man einen Nylonfaden an einem Fuß, zieht ihn durch ein Stück Hohlschnur von 10 cm Länge und verknotet den Faden wiederum am Körper. Für das zweite Bein wird dieser Vorgang wiederholt. Schließlich befestigt man noch einen Nylonfaden am unteren Rand des Kopfes, worauf drei kleine Kreise gezogen werden. Schließlich wird der Faden wieder am Körper verknotet.

Aufhängung

Kreuztyp A
1 Hauptstrebe: 18 cm
1 Querstrebe: 16 cm
A = Kopf
B = Füße

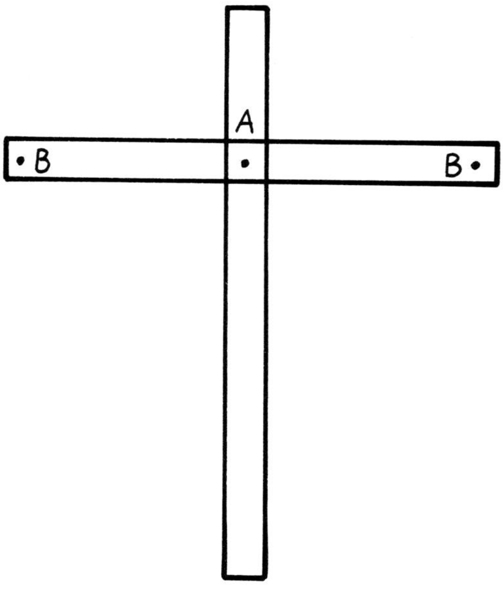

Die freche Charlotta

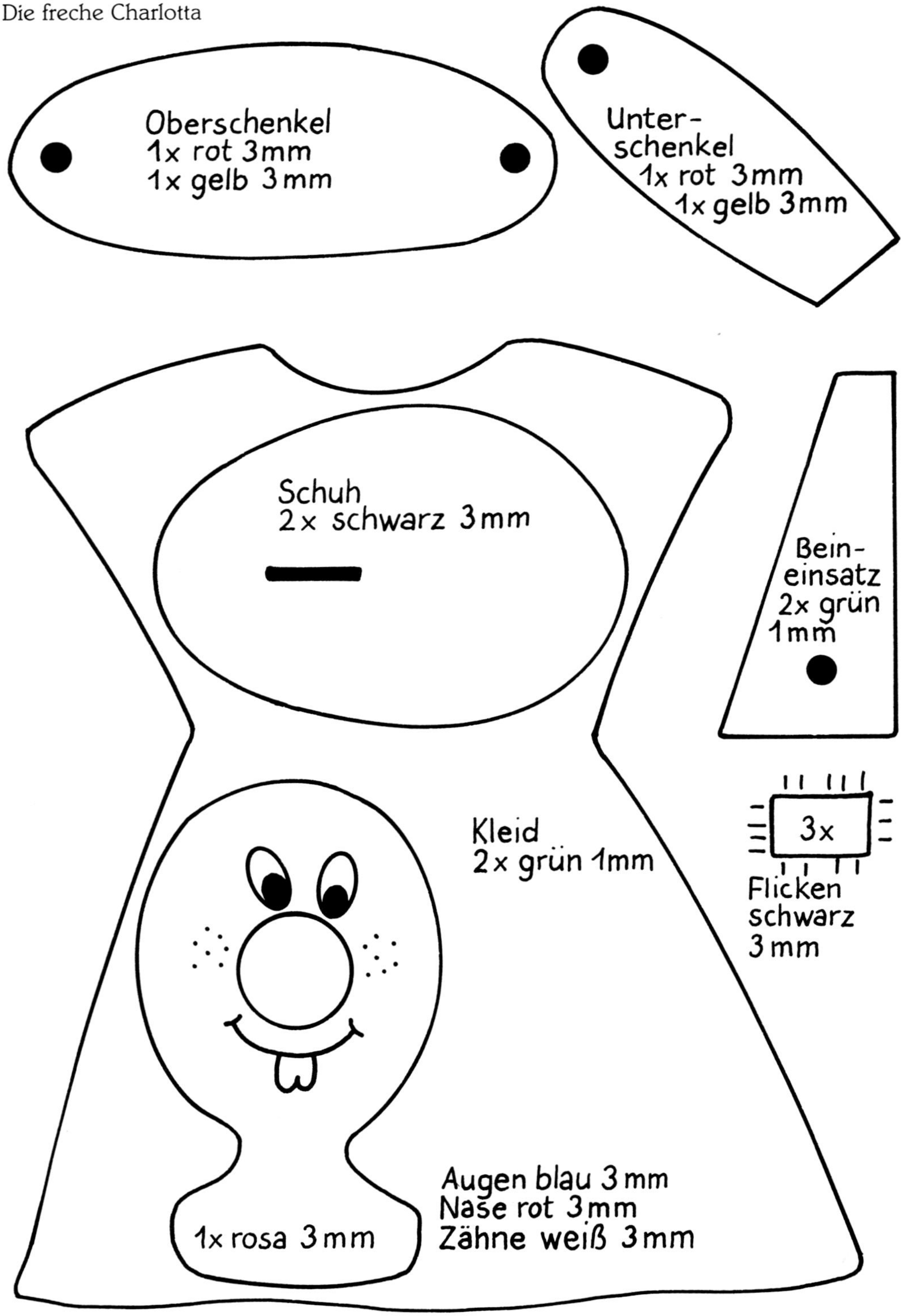

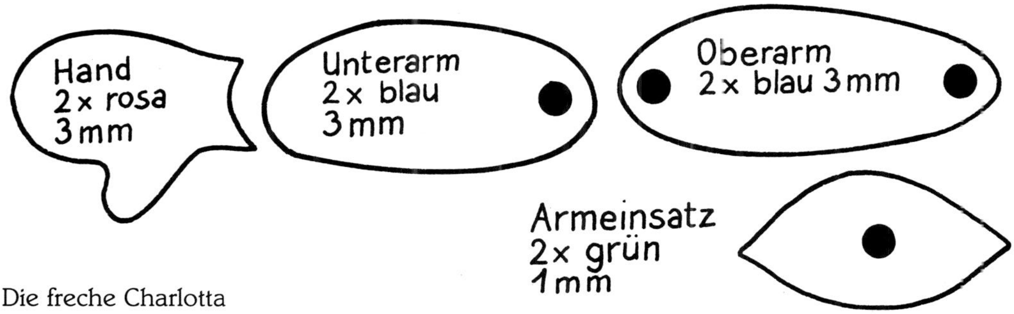

Die freche Charlotta

Der lustige Lukas

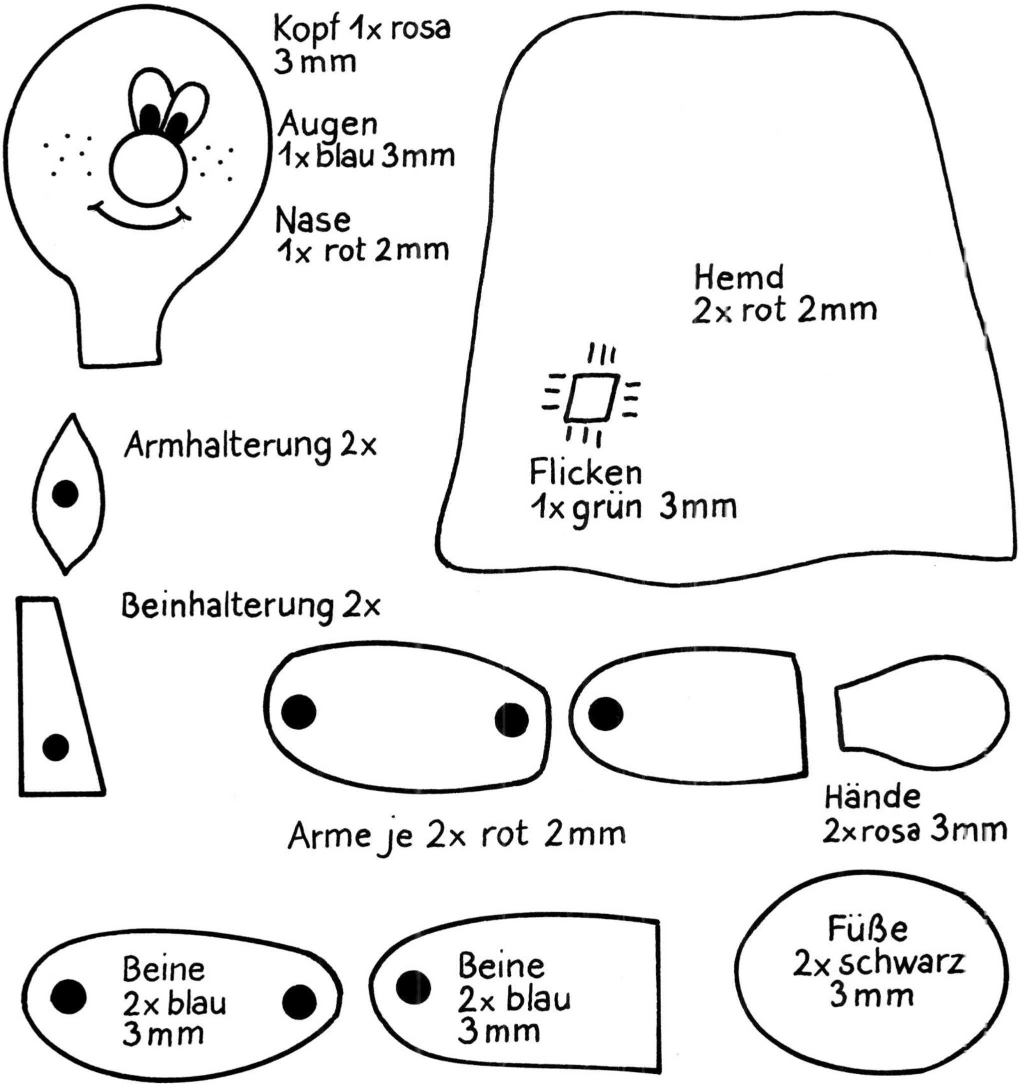

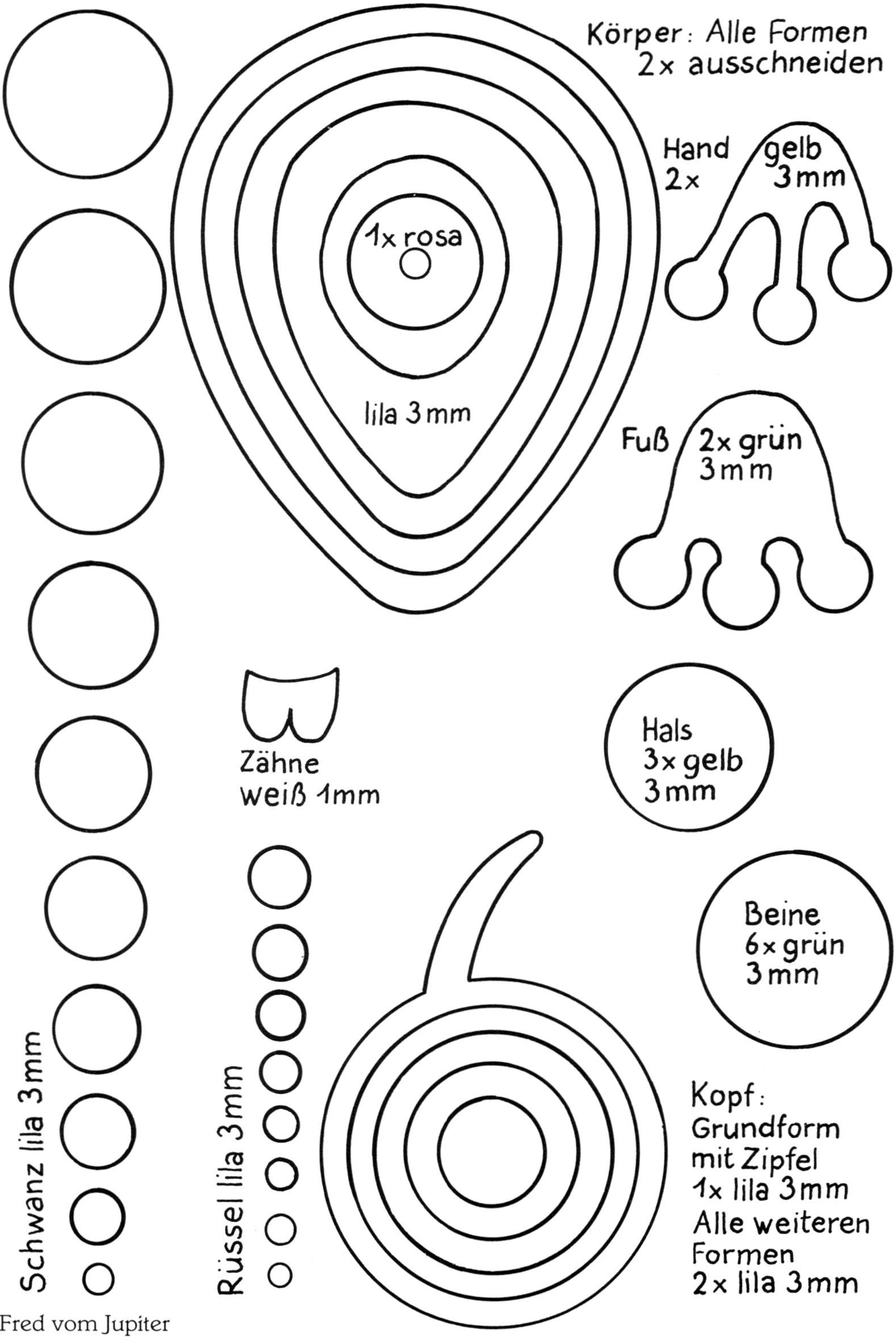
Körper: Alle Formen
2x ausschneiden
1x rosa
lila 3mm
Hand 2x
gelb 3mm
Fuß
2x grün
3mm
Zähne
weiß 1mm
Hals
3x gelb
3mm
Beine
6x grün
3mm
Schwanz lila 3mm
Rüssel lila 3mm
Kopf:
Grundform
mit Zipfel
1x lila 3mm
Alle weiteren
Formen
2x lila 3mm

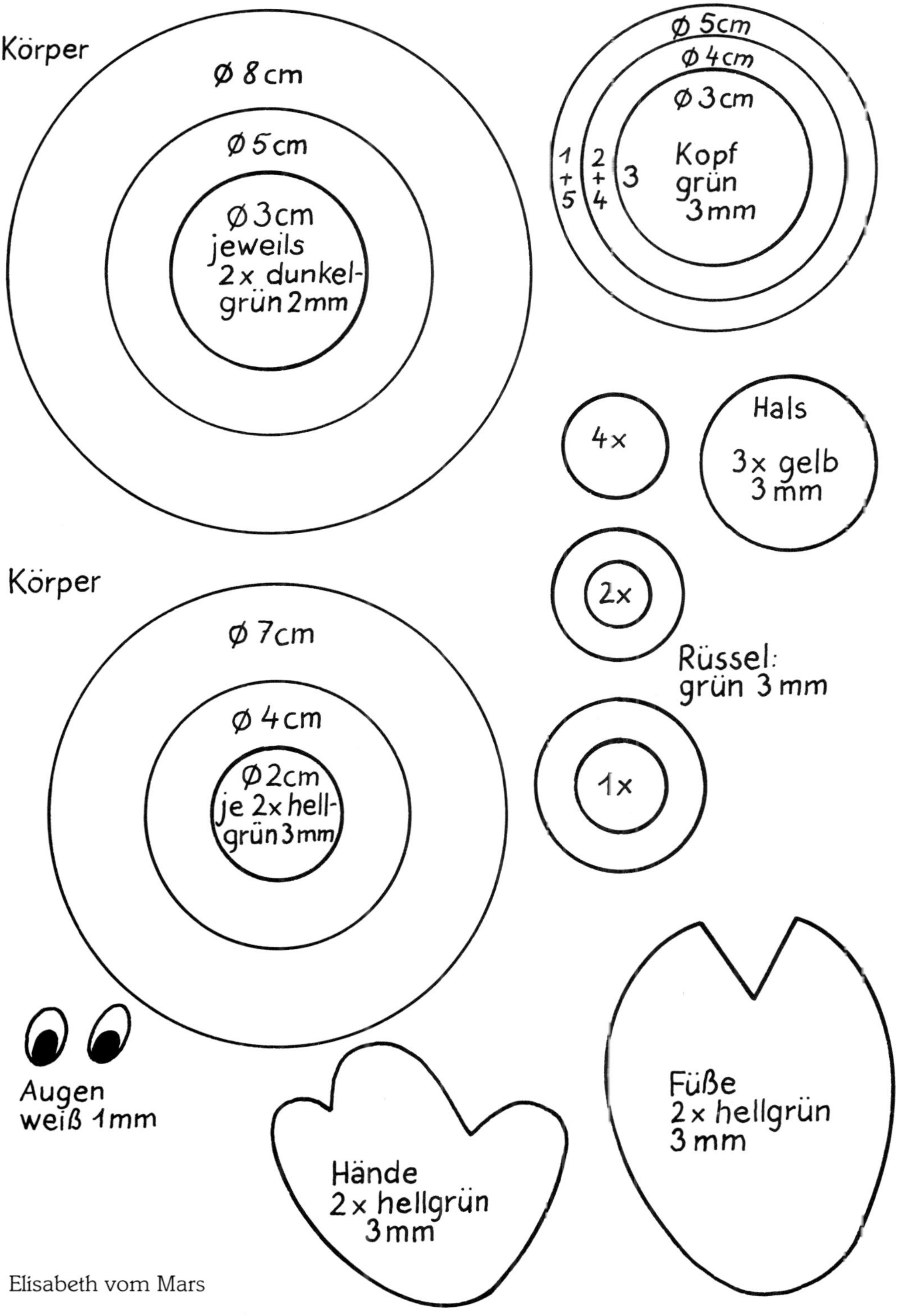

Elisabeth vom Mars

Mister Eierköpfchen

Mister Eierköpfchen ist ein Frühaufsteher, denn er ist Frühstückseierkontrolleur von Beruf. Wer sonst könnte wohl besser für diesen Job geeignet sein.

Material
- 3 mm starkes Moosgummi in den Farben Weiß, Rot und Blau
- 1 mm starkes Moosgummi in den Farben Orange, Grün
- 10 rote Holzkügelchen
- 10 türkise Holzkügelchen
- Nylonfaden, Nähnadel
- schwarzer, wasserfester Filzstift

Anleitung
Die ausgeschnittenen weißen Kreise werden gemäß der Numerierung (siehe Vorlage S. 28) übereinandergeklebt. Danach rollt man das gelbe Rechteck, das bis auf einen kleinen Rand fransig geschnitten wird, zusammen und setzt es oben auf den kleinsten Kreis des Körpers. Die blauen Augen werden jeweils mit einer aufgemalten, schwarzen Pupille versehen und ebenfalls auf den kleinsten Kreis vor die Haare geklebt.
Ohren und Mund werden nach der Abbildung (siehe rechte Seite) bemalt und zusammen mit der Nase auf dem Eierköpfchen an der entsprechenden Stelle fixiert. Anschließend verknotet man rechts und links unter den Ohren jeweils einen Nylonfaden, auf den je sechs rote Kügelchen gezogen werden. Der Faden wird dann an den Händen befestigt. Dieser Vorgang wird für die Beine wiederholt. Die Nylonfäden werden hierfür am untersten Kreis und abschließend an den Füßen verknotet.

Aufhängung
Kreuztyp B
1 Hauptstrebe: 16 cm
2 Querstreben: 12 cm
A = Kopf
B = Arme
C = Beine

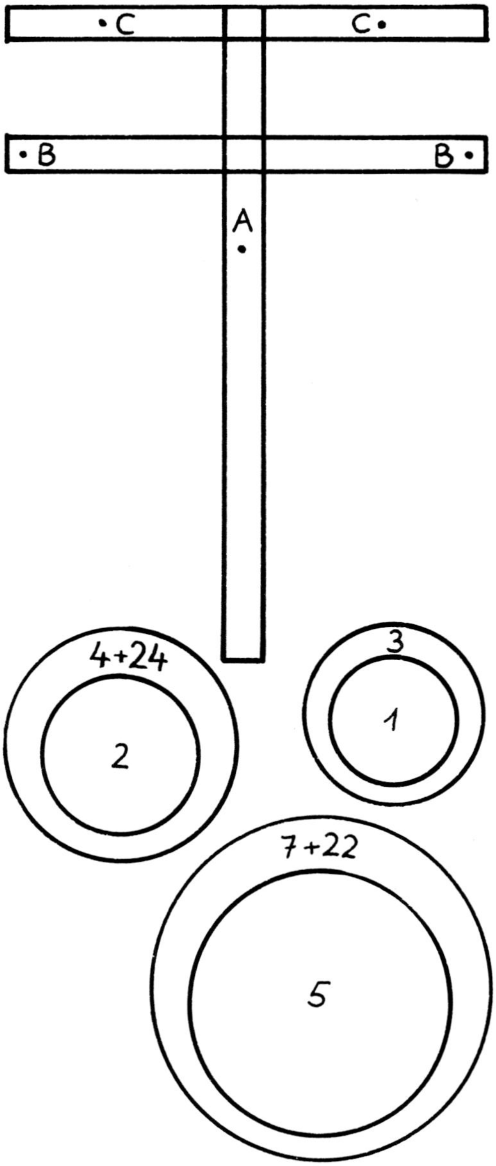

Weitere Vorlagen auf Seite 28.

Graf Dracula

Jetzt wird es gruselig! Graf Dracula ist aus seinem Sarg gestiegen, um wieder einmal auf die Jagd nach Opfern zu gehen. In Marionettenform ist seine Blutrünstigkeit jedoch gebändigt. Völlig ungefährlich darf er umherstreifen – und das nicht nur bei Nacht.

Material

- 3 mm starkes Moosgummi in den Farben Schwarz und Rosa
- 1 mm starkes Moosgummi in Weiß
- Nylonfaden, Nähnadel
- wasserfester, schwarzer Filzstift

Anleitung

Alle Teile des Vampirs werden gemäß der Vorlage (siehe S. 29) ausgeschnitten. Die Nase wird auf die Mitte des Kopfes geklebt, so daß sie aus dem Gesicht hervorragt. Die Augen werden nach der Vorlage bemalt und ebenfalls auf das Gesicht geklebt. Danach fixiert man den Schnurrbart und die Zähne. Die Hutkrempe wird in der Mitte ungefähr 3 cm lang mit einem Cutter eingeritzt.

Anschließend steckt man sie 1 cm weit auf den Kopf. Der Zylinder wird vervollständigt, indem man beide Huthälften von vorne und hinten auf Krempe und Stirn klebt.

Anschließend können die Haare des Grafen aufgemalt werden. Der fertige Kopf wird schließlich auf den Oberkörper gesetzt, auf dem zuvor der Umhang auf die Rückseite geklebt wurde. Der Schal erhält etwas Klebstoff und wird dann um den Hals gelegt.

Nun werden die Extremitäten angefertigt: Die Unterschenkel werden auf die Schuhe geklebt und die beiden Hände an die Unterarme. Unterarme und -schenkel werden daraufhin an zwei Punkten durch Nylonfäden mit den Oberarmen und -schenkeln verknotet. Auf dieselbe Weise werden die fertigen Arme und Beine am Körper befestigt.

Aufhängung

Kreuztyp B
1 Hauptstrebe = 12 cm
2 Querstreben = 10 cm
A = Kopf
B = Arme
C = Beine

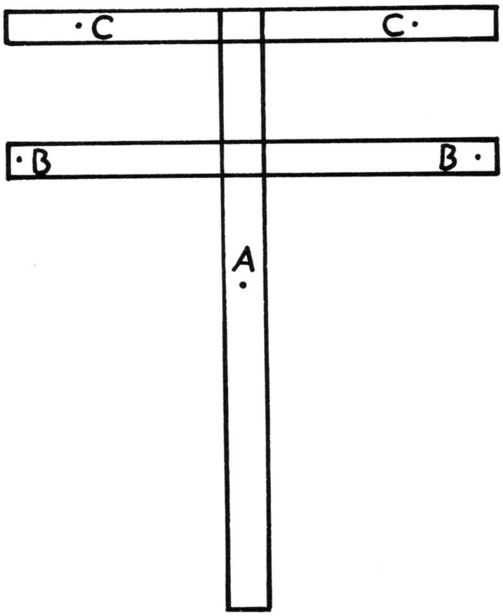

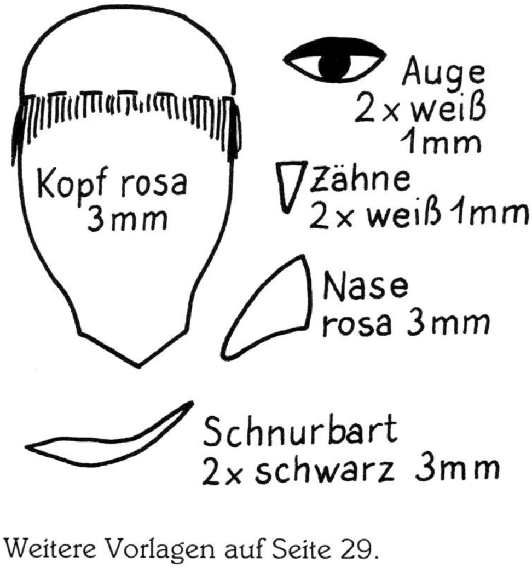

Weitere Vorlagen auf Seite 29.

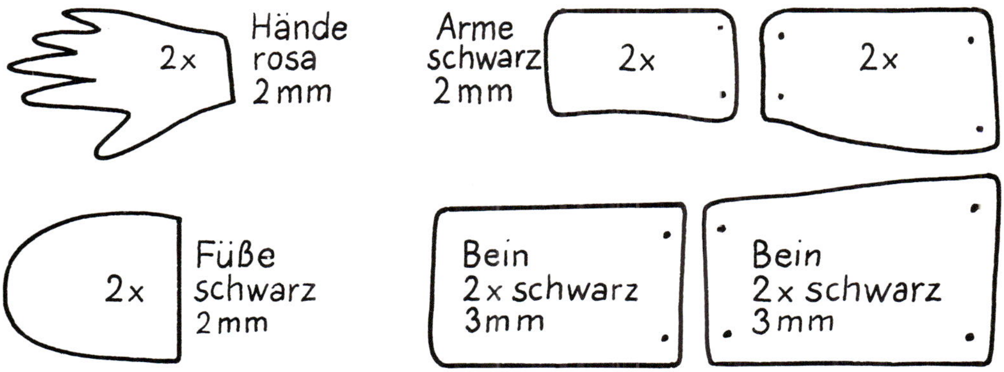
2x
Hände
rosa
2mm
Arme
schwarz
2mm
2x
2x
2x
Füße
schwarz
2mm
Bein
2x schwarz
3mm
Bein
2x schwarz
3mm

Schlumpf

Drollige Figuren aus der Comicszene sind sehr beliebte Vorlagen für Marionetten „Marke Eigenbau". Mit etwas Phantasie und handwerklichem Geschick können Sie auch Ihre Lieblingsfigur „zum Leben erwecken".

Material

- 2 cm starkes Moosgummi in den Farben Blau, Weiß und Hellbraun
- 6 Unterlegscheiben
- 1 Schaschlikspieß
- 1 wasserfester, schwarzer Filzstift

Anleitung

Alle Teile des Schlumpfes werden gemäß der Vorlage von S. 30 ausgeschnitten. Dann verklebt man die Schuhe beziehungsweise Füße mit den Beinen und den Oberkörper mit dem Unterleib.

Körper, Kopf, Arme und Beine erhalten ein Loch mit der Gürtelzange an der markierten Stelle (siehe Vorlage).

Für die Befestigung von Armen und Beinen am Körper schiebt man jeweils ein Stück eines Schaschlikspießes von 3 cm Länge bis zur Mitte durch ein Loch des Körpers, steckt dann beidseitig je eine Unterlegscheibe und ein Glied (Arm oder Bein) auf die Achse. Kleine Moosgummipunkte, die auf die Enden des Hölzchens geklebt werden, bilden den Abschluß der Achse. Der Kopf besteht aus zwei Hälften, die nur an Stirn und Nase zusammengeklebt werden. Die beiden Mützenhälften werden dann auf dem Kopf befestigt und am Zipfel ebenfalls miteinander verklebt. Die Augen mit eingemalter Pupille werden beidseitig auf dem Kopf fixiert. Nun muß der Mund noch aufgemalt werden.

Anschließend steckt man den Kopf mit den eingestanzten Löchern deckungsgleich über das Loch des Körpers. Dann wird ein etwa 3,5 cm langes Stück eines Schaschlikspießes durch die Löcher geschoben. Auch diese Achse wird mit kleinen Moosgummipunkten, die auf beide Enden geklebt werden, abgeschlossen.

Aufhängung

Kreuztyp B
1 Hauptstrebe = 10 cm
2 Querstreben = 7 cm
A = Kopf
B = Füße
C = Hände

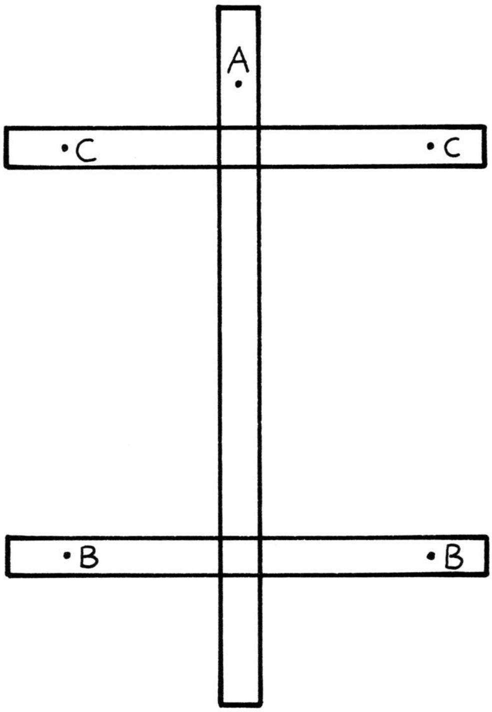

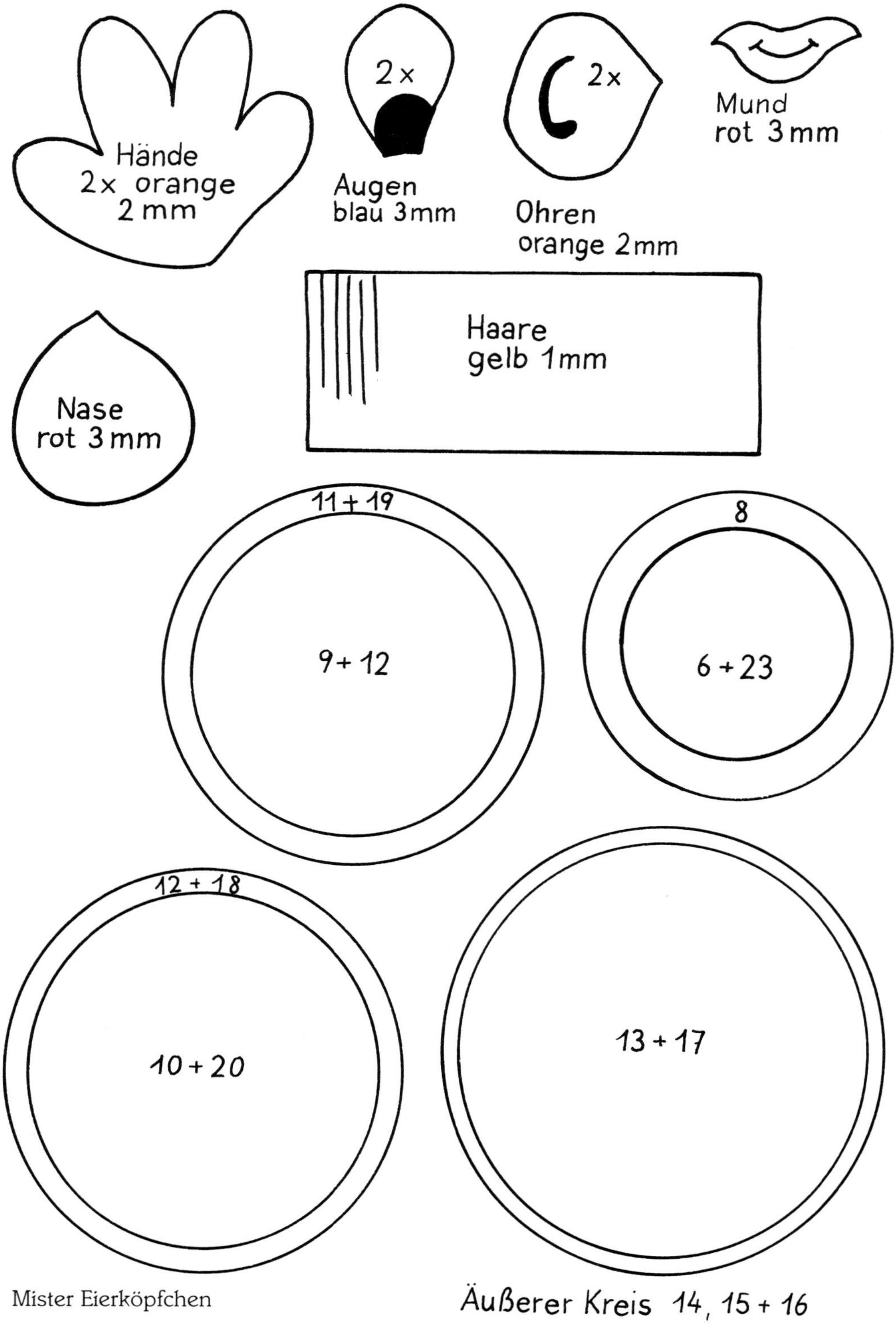
Hände
2x orange
2 mm
2x
Augen
blau 3mm
2x
Ohren
orange 2mm
Mund
rot 3mm
Nase
rot 3mm
Haare
gelb 1mm
11 + 19
9 + 12
8
6 + 23
12 + 18
10 + 20
13 + 17
Äußerer Kreis 14, 15 + 16

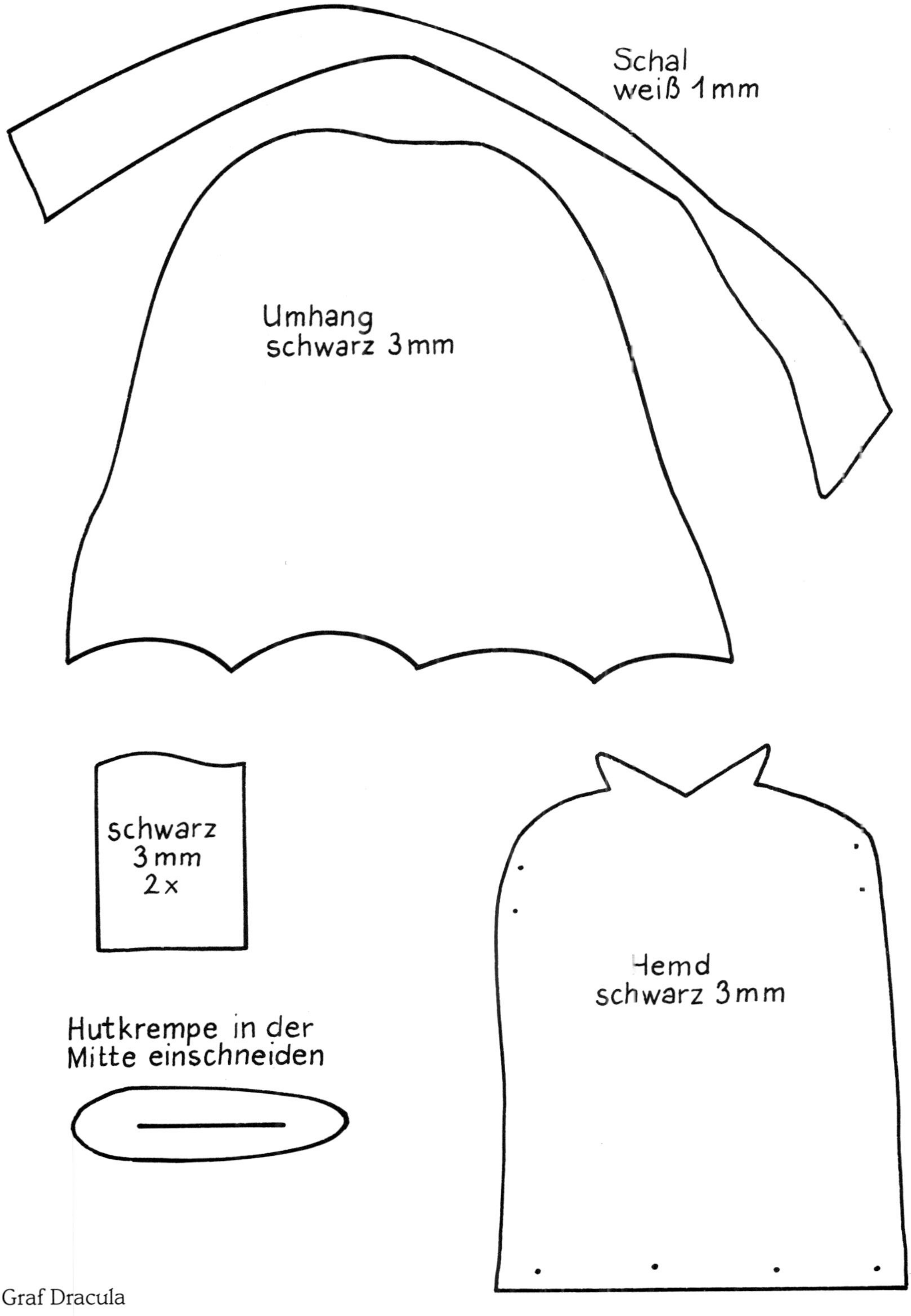
Schal
weiß 1mm
Umhang
schwarz 3mm
schwarz
3mm
2x
Hutkrempe in der
Mitte einschneiden
Hemd
schwarz 3mm

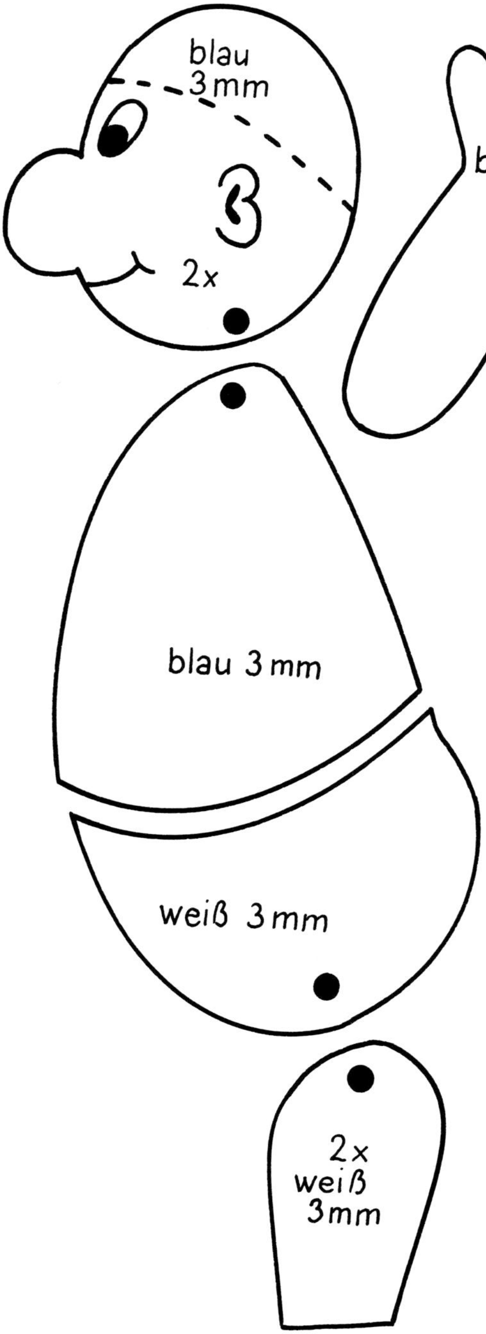

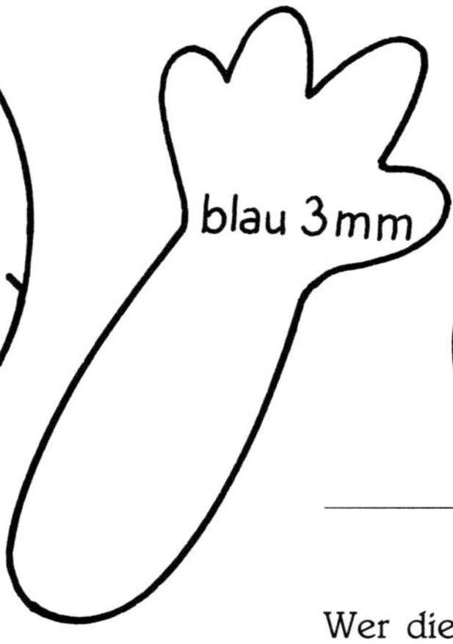

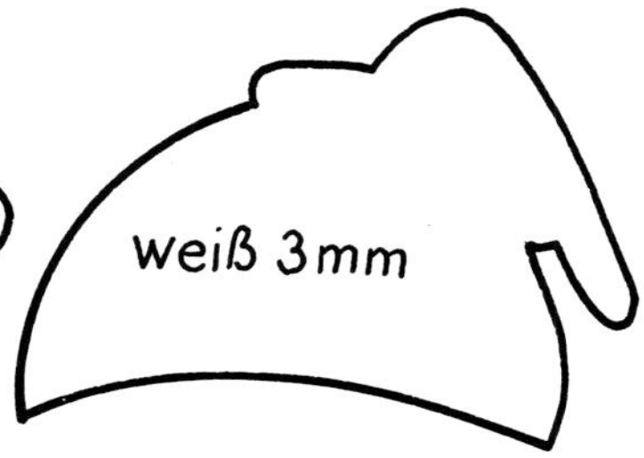

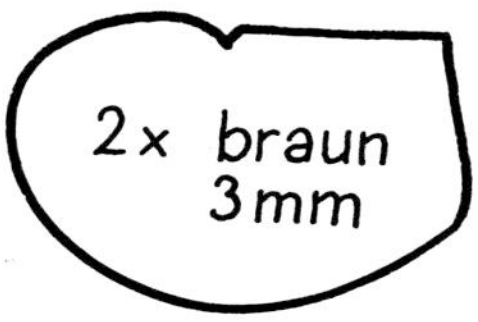

Schlumpf

Pinocchio

Wer die Geschichte von Pinocchio kennt, weiß, daß er ein kleiner Lügenwicht ist und durch eine Verwünschung der guten Fee seine Nase anfängt zu wachsen. Der hier vorgestellte Pinocchio hat schon die eine oder andere Lüge verbreitet, wie seine recht lange Nase beweist. Wie die Geschichten von ihm nun weitergehen, liegt ganz in eurer Hand.

Material

- 3 mm starkes Moosgummi in den Farben Gelb, Weiß
- 1 mm starkes Moosgummi in den Farben Rot, Blau, Grün und Weiß
- 1 rote Moosgummi-Röhre
- 1 schwarze Moosgummi-Hohlschnur
- 4 Briefstecker
- 2 Ösenschrauben
- gelbes Kreppapier
- 1 mittelgroße Holzkugel mit Loch
- 2 Holzfüße mit Loch
- 2 Holzhände

Anleitung

Zuerst werden alle Teile nach der Originalvorlage von S. 36 ausgeschnitten. Auf das Rückenteil des weißen Hemdes werden links und rechts die Armhalterungen mit eingestanztem Loch senkrecht aufgeklebt. Ober- und Unterarme erhalten ebenfalls ein Loch und werden dann mit Briefsteckern zusammengesteckt. Nun

können die Arme durch Briefstecker an den Armhalterungen befestigt werden. Danach kann die zweite Hemdhälfte aufgeklebt werden; dabei sollte der Halsausschnitt klebstofffrei bleiben. Die Schnittkanten der Hemdseiten werden aufeinandergesetzt, während die Schulterpartien paßgerecht übereinandergeklebt werden. Die rote Weste klebt man anschließend über das Hemd und setzt die Schnittkanten der Seiten ebenfalls aufeinander. Die kurze, blaue Hose von Pinocchio wird aus zwei Hälften zusammengesetzt (rechtes und linkes Hosenbein)., Dafür schiebt man die langen Laschen der Form übereinander und fixiert sie anschließend. Die verbleibenden offenen Kanten versieht man daraufhin mit Klebstoff und setzt die beiden Hälften an diesen Stellen zusammen. Fertig ist die Hose. Auf die untere Innenseite des Hemdes gibt man nun etwas Klebstoff, und schiebt das Hemd über die Hose. Durch die Hosenbeine steckt man eine schwarze Hohlschnur von etwa 25 cm Länge als Beine, die natürlich gleich lang sein sollten.
Die Holzfüße erhalten in dem vorgefertigten Loch etwas Kleber. In die Löcher der Füße steckt man daraufhin die Enden der Hohlschnur.
Nun klebt man noch die hölzernen Hände an die Unterarme. Das Hütchen besteht aus einem grünen Moosgummihalbkreis, dessen gerade Schnittkanten zusammengezogen und verklebt wurden. Ein dünner, blauer Streifen wird zur Zierde außenherum gesetzt, und eine gelbe Feder ziert den Hut an einer Seite. Braune, fransig geschnittene Streifen werden dann am Rande des Hutes befestigt. So kann der Hut auf die Holzkugel geklebt werden. Ein Loch der Kugel darf dabei jedoch nicht verdeckt werden, da darin ein rotes Röhrchen als Nase fixiert werden soll. Die Augen mit aufgemalter Pupille fixiert man oberhalb der Nase. Der Mund wird gemäß der Vorlage auf die Kugel gemalt. Anstelle des Halses wird eine kleine Ösenschraube in die entsprechende Stelle der Kugel gedreht. Eine zweite Schraube verbindet man mit Hilfe von Nylongarn mit der ersten. Die untere Schraube steckt man nun in den Halsausschnitt und klebt diesen anschließend zusammen.
Darüber verknotet man einen schmalen Streifen aus gelbem Kreppapier als Schal und verdeckt so die Schrauben.

Aufhängung
Kreuztyp A
1 Hauptstrebe: 20 cm
1 Querstrebe: 20 cm
A = Hände
B = Füße

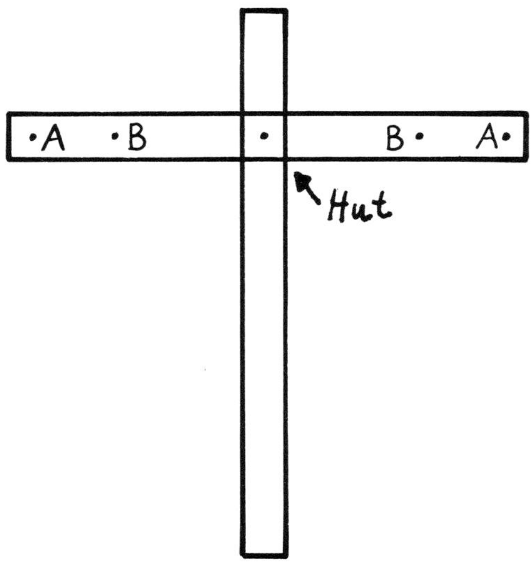

Snoopy

Viele beliebte Figuren aus Comics können wir zu Marionetten machen, wenn wir die Figuren in bewegliche Einzelteile gliedern und diese dann mit Fäden an einem Spielkreuz befestigen.

Material
- 3 mm starkes Moosgummi in den Farben Weiß und Schwarz
- 1 mm starkes Moosgummi in Schwarz
- 1 hölzerner Schaschlikspieß
- 6 Unterlegscheiben

Anleitung
Zunächst werden die Körperteile von Snoopy gemäß der Vorlage von S. 40 ausgeschnitten.
Anschließend klebt man die beiden Kopfhälften nur an der Schnauze zusammen. Augen, Ohren und Nase werden an der entsprechenden Stelle am Kopf fixiert. Der Schwanz wird am Hinterteil des Körpers befestigt. Danach stanzt man in die auf der Vorlage gekennzeichneten Punkte Löcher in Kopf, Körper und Beine. Zur Befestigung der Beine am Körper steckt man zunächst ein 3 cm langes Stück des Schaschlikspießes bis zur Mitte durch das Loch. Auf jedes Ende der Achse schiebt man zuerst eine Unterlegscheibe und

dann ein Bein. Kleine Moosgummipunkte werden auf die Enden des Stäbchens geklebt. Danach wird der Kopf auf die entsprechende Stelle des Körpers geschoben und in derselben Weise wie die Beine mit einer Achse versehen.

Aufhängung
Kreuztyp B
1 Hauptstrebe: 16 cm
2 Querstreben: 8 cm
A = Kopf
B = Körper
C = Vorderfüße
D = Hinterfüße

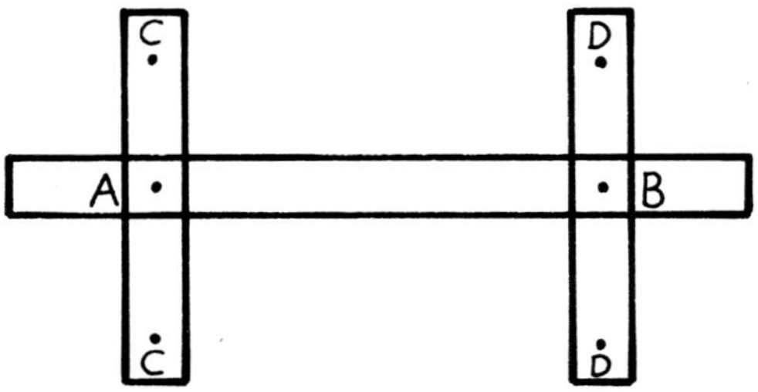

Ballerina

Fast wie eine echte Ballerina schwebt diese Marionette über die Bühne. Mit schöner Musik im Hintergrund verzückt sie ihr Publikum durch einen gekonnten Spagat oder einer Pirouette.

Material
- 2 mm starkes Moosgummi in den Farben Flieder, Rosa, Braun, Weiß und Gelb
- schwarzer und roter Filzstift
- Nylonfaden, Nähnadel

Anleitung
Nachdem man alle Teile der Ballerina gemäß der Vorlage von S. 39 ausgeschnitten hat, beginnt man mit dem fliederfarbenen Rock. Dieser besteht aus einer Grundform und sechs Rockhälften. Jeweils eine Hälfte wird mit der geraden Schnittkante beidseitig auf die Mitte der Grundform geklebt. Die verbleibenden vier Hälften fixiert man anschließend in den entstandenen Winkeln. Nun werden die Haare beidseitig auf den Kopf geklebt. Eine kleine gelbe Schleife ziert den Pferdeschwanz der Ballerina. Mit einem schwarzen Stift malt man die Augen und zwei Pünktchen für die Nase auf das Gesicht. Der Mund wird mit rotem Filzstift aufgemalt. Auf den Ausschnitt am Körper wird etwas Kleber gegeben, auf den der Kopf gesetzt wird. Der Rumpf wird daraufhin rechts und links, mittels Nylonfäden, mit dem Rock verbunden. Ober- und Unterarme werden ebenfalls durch Nylonfäden miteinander verknüpft und auf die gleiche Weise am Körper befestigt. Abschließend klebt man die Füße an die Unterschenkel und verbindet diese mit den Oberschenkeln. Auch die Beine finden ihre Befestigung an der Grundform des Rockes.

Aufhängung
Kreuztyp A
1 Querstrebe: 12 cm
1 Hauptstrebe: 12 cm
A = Kopf
B = Füße
C = Hände

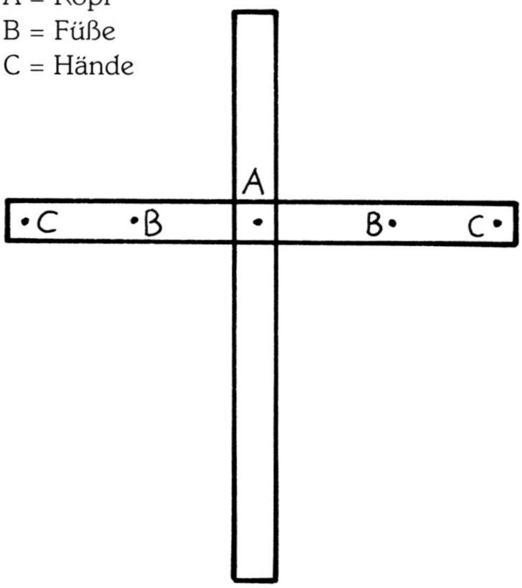

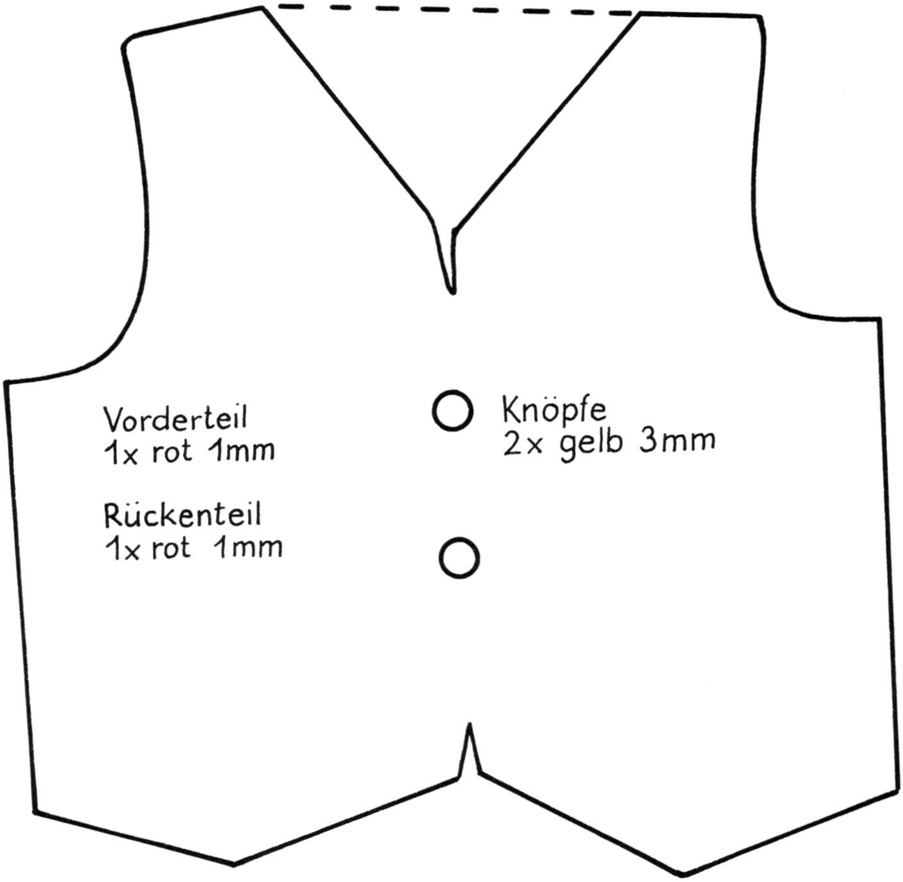
Vorderteil
1x rot 1mm
Rückenteil
1x rot 1mm
Knöpfe
2x gelb 3mm

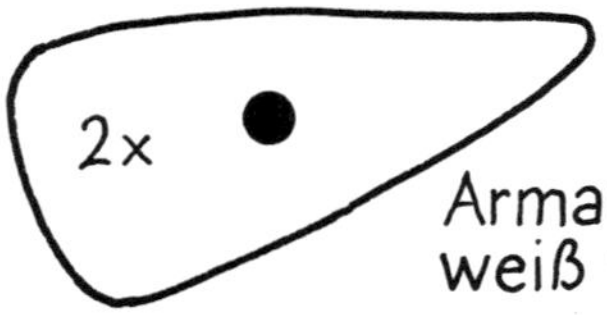
2x
Armaufhängung
weiß 1mm

Augen
weiß 1mm

Haare braun 1mm

Zierband vom Hütchen blau 1mm

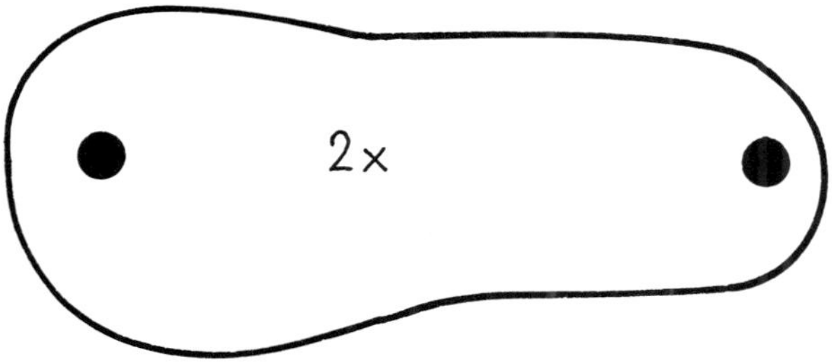

Ober- und Unterarme
weiß 3mm

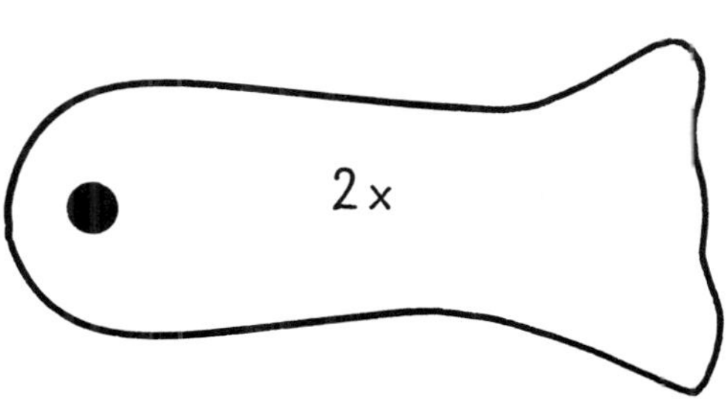

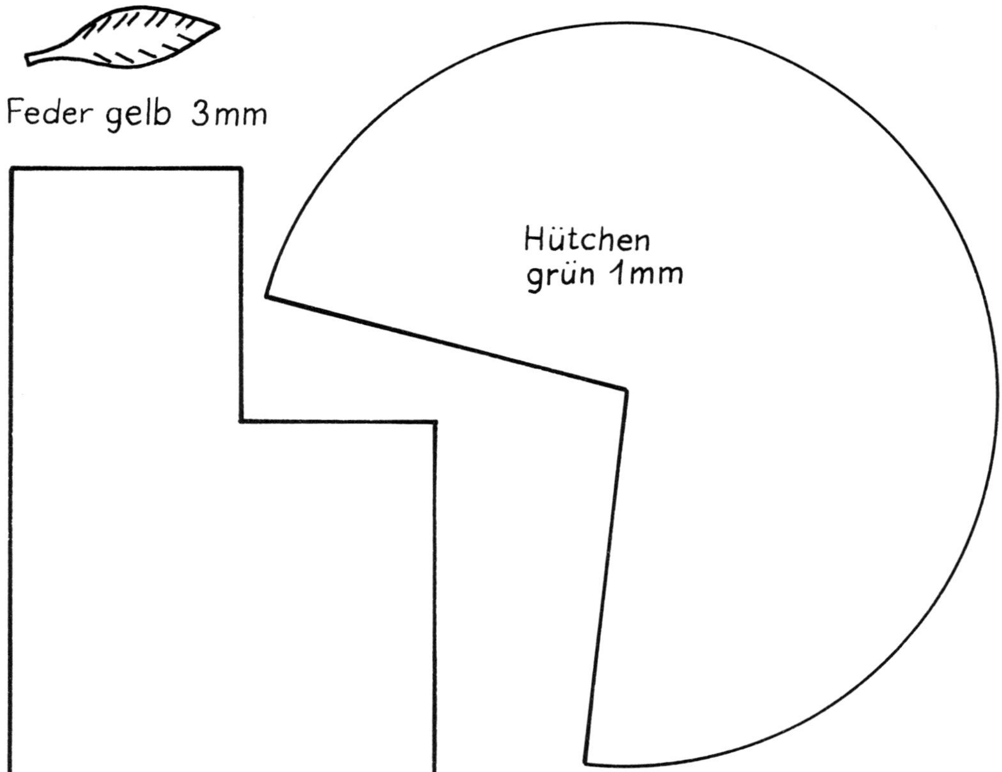

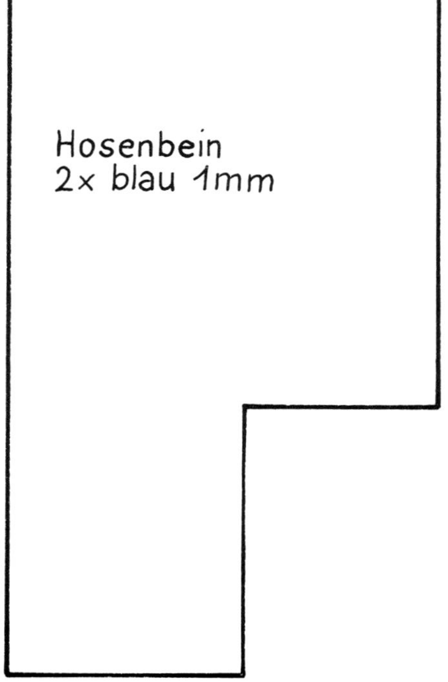

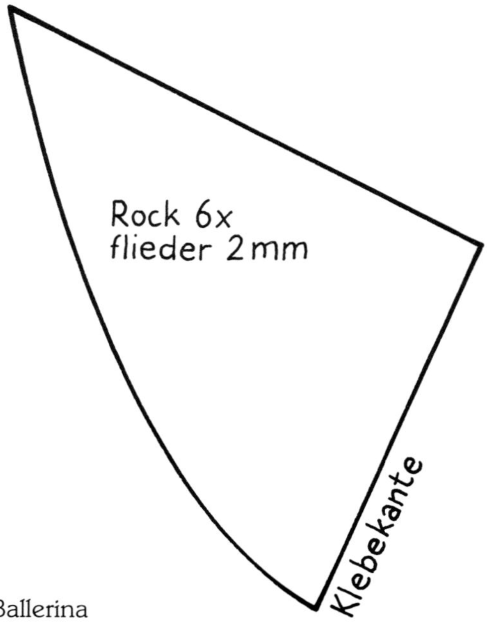

Pinocchio

Ballerina

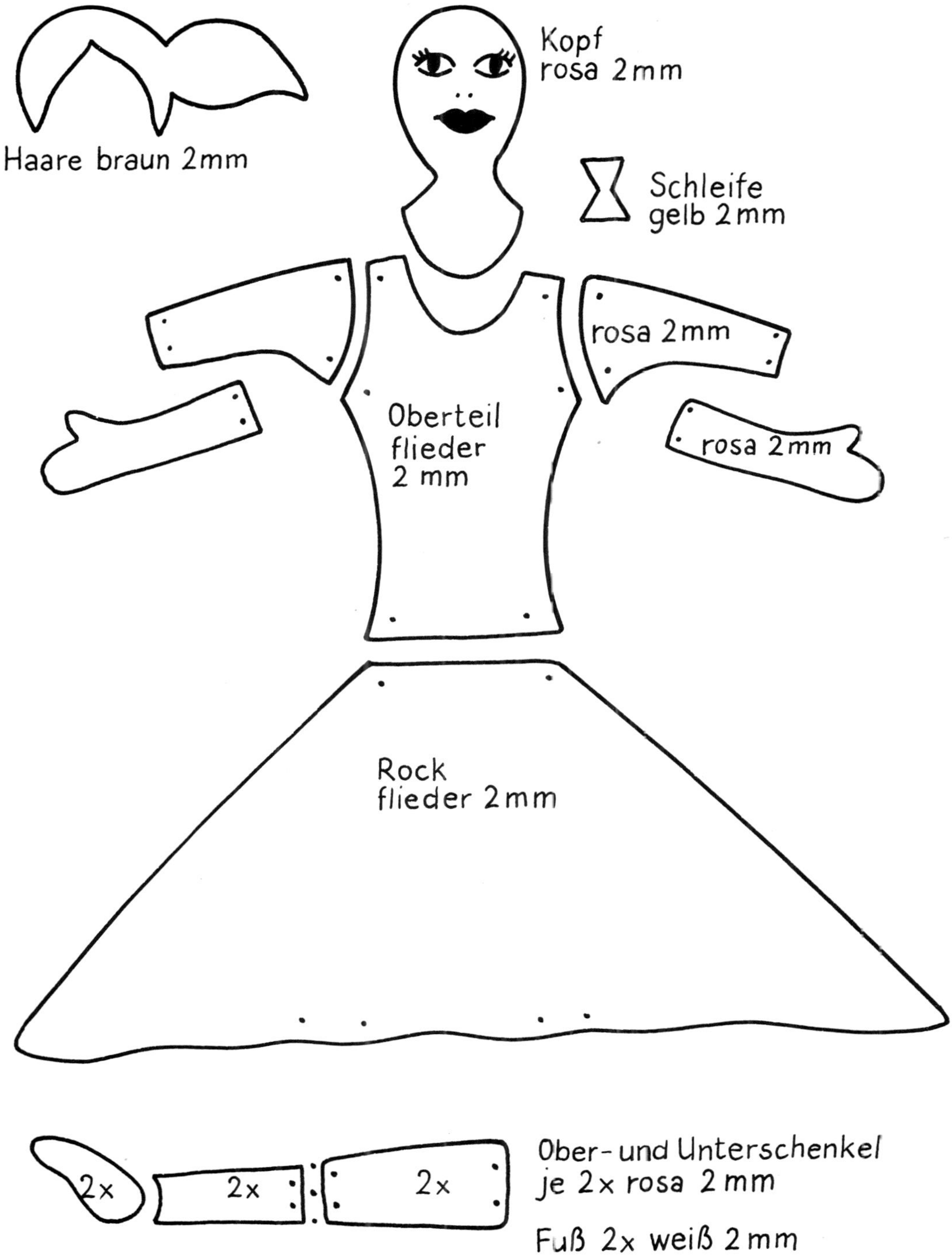
Haare braun 2mm
Kopf
rosa 2mm
Schleife
gelb 2mm
rosa 2mm
Oberteil
flieder
2 mm
rosa 2mm
Rock
flieder 2mm
2x
2x
2x
Ober- und Unterschenkel
je 2x rosa 2mm
Fuß 2x weiß 2mm

Ballerina

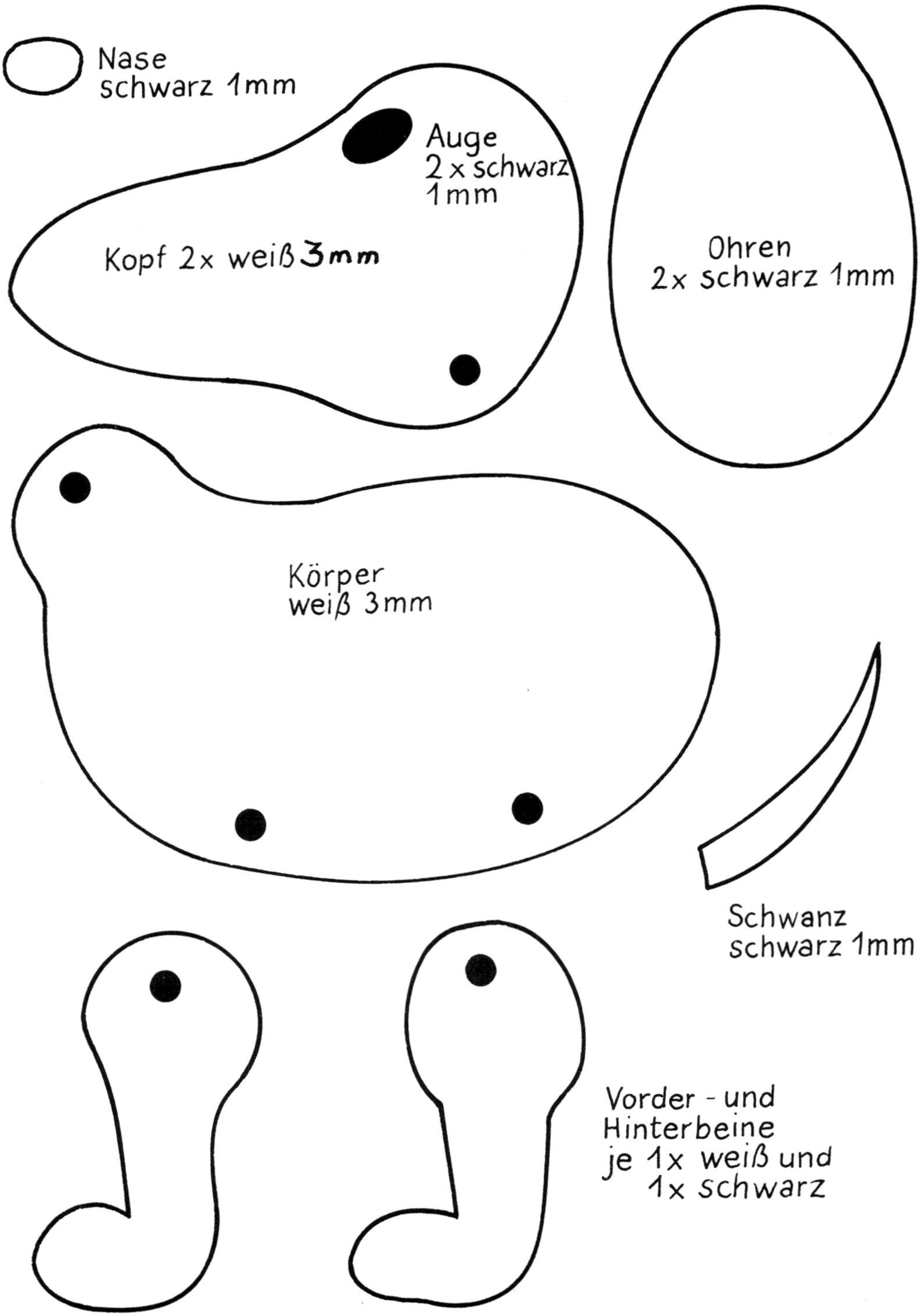
Nase
schwarz 1mm
Auge
2 x schwarz
1mm
Kopf 2x weiß 3mm
Ohren
2x schwarz 1mm
Körper
weiß 3mm
Schwanz
schwarz 1mm
Vorder - und
Hinterbeine
je 1x weiß und
1x schwarz

Snoopy

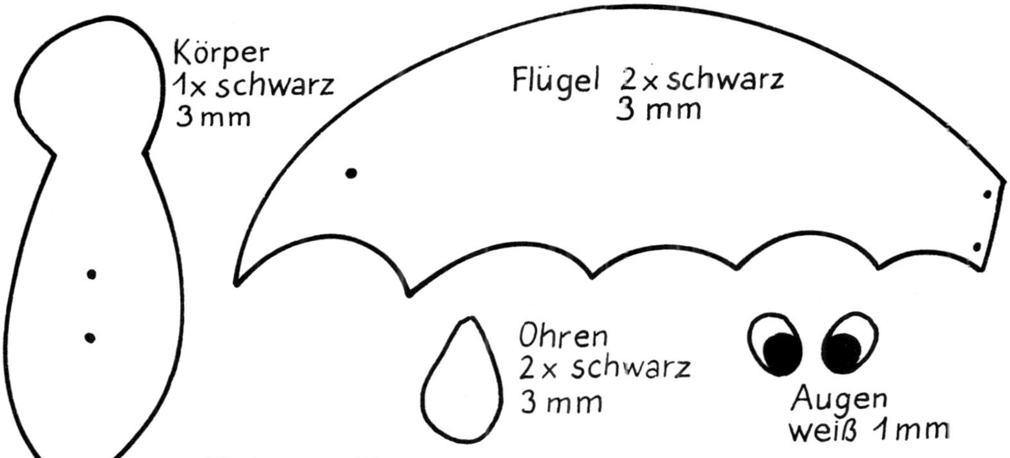

Fledermaus Flaps

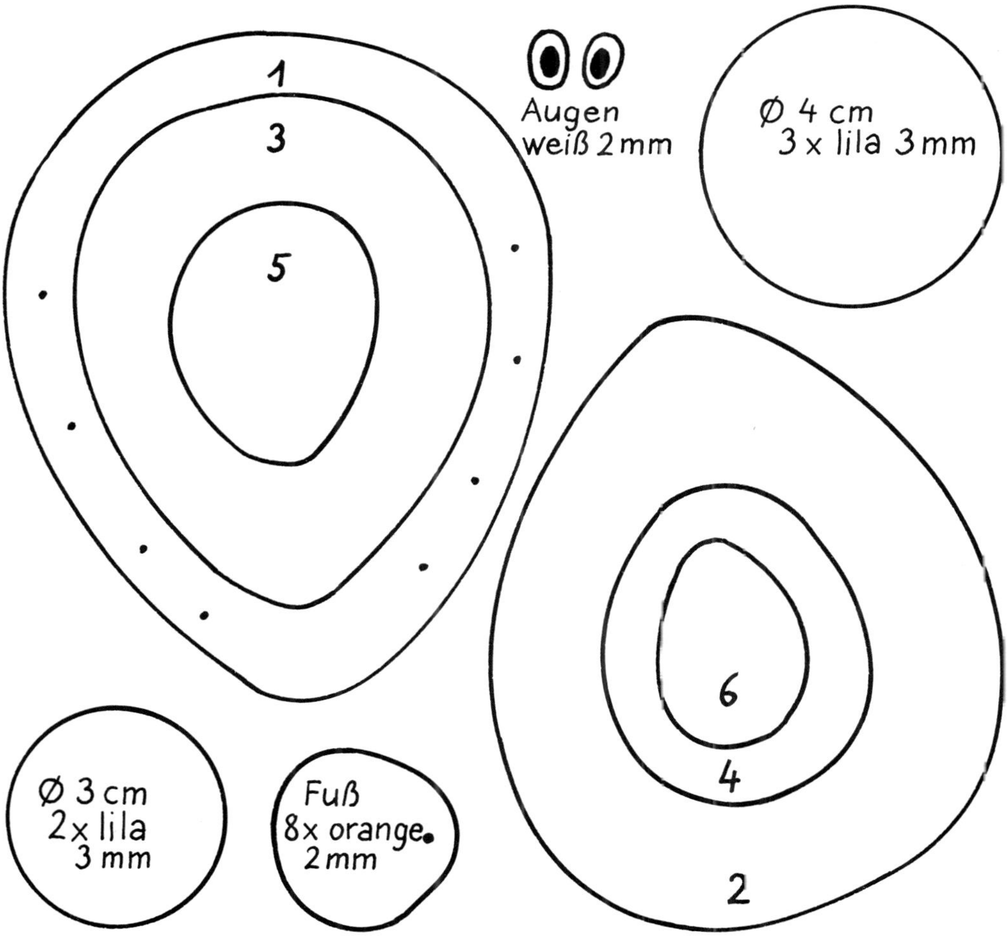

Spinne Thekla

Alle ovalen Formen 1x lila 3mm

Die Fledermaus Flaps

Zu einer richtigen Gruselszene gehören natürlich auch Fledermäuse. Die Herstellung der Tiere ist so einfach, daß man ohne weiteres mehrere davon anfertigen kann.

Material
- 3 mm starkes Moosgummi in Schwarz
- 1 mm starkes Moosgummi in Weiß
- Nylonfaden, Nähnadel
- 2 kleine Holzkugeln

Anleitung
Körper, Flügel, Ohren und Augen der Fledermaus werden zunächst ausgeschnitten. Die Augen mit aufgemalter Pupille und die Ohren klebt man beidseitig auf den Kopf. Danach werden die Flügel von beiden Seiten mit einem Nylonfaden befestigt. Dabei sollte man etwas Abstand zum Körper halten, damit die Flügel genügend Freiraum zum Schwingen haben. Anschließend wird ein Nylonfaden am Kopf verknotet, worauf man eine kleine Holzkugel schiebt und befestigt den Faden am Ende der Fledermaus. An den beiden Flügelenden wird ebenfalls ein Nylonfaden verknotet, auf den zuvor eine Holzkugel geschoben wurde. Durch Betätigen des Nylonfadens, an dem die Flügel hängen, kann die Fledermaus flattern (Vorlagen S. 41).

Die Spinne Thekla

Die Spinne Thekla ist ein wunderliches Tier, denn anstatt auf Insektenjagd zu gehen, tanzt sie lieber in der Walddiskothek. Dabei muß sie stets aufpassen, daß sich ihre acht Beine beim Tanzen nicht verknoten.

Material
- 3 mm starkes Moosgummi in Lila
- 2 mm starkes Moosgummi in den Farben Orange und Weiß

- 1 schwarze Moosgummi–Hohlschnur
- 1 grüne Moosgummi–Hohlschnur
- 4 türkise Holzkugeln
- 4 pinkfarbene Holzkugeln
- 4 holzfarbene Holzkugeln
- 4 lila Holzkugeln
- 1 rote Holzkugel
- gelbes Baumwollgarn
- wasserfester, schwarzer Filzstift
- Nylonfaden, Nähnadel

Anleitung

Alle Teile der Spinne werden gemäß der Vorlage (siehe S. 41) ausgeschnitten. An der größten Form des Körpers werden zunächst die acht Beine befestigt. Dafür wird jeweils ein Nylonfaden an einem Fuß verknotet. Dann zieht man ein schwarzes Stück Hohlschnur von circa 2,5 cm Länge auf den Faden, darauf folgt eine lila Kugel, ein zweites Stück schwarze Hohlschnur und eine türkisfarbene Kugel. Der Faden wird anschließend von unten durch einen Punkt auf der Grundform (siehe Vorlage) und dann durch den nächstliegenden Punkt von oben gezogen. Es folgen eine pinkfarbene Kugel, ein Stück grüne Hohlschnur, eine holzfarbene Kugel und abermals ein Stück Hohlschnur. An einem orangenen Fuß wird der Faden abschließend verknotet.

Jetzt sind bereits zwei Beine fertiggestellt. Die fehlenden sechs Beine werden auf dieselbe Weise hergestellt. Danach wird der Spinnenkörper angefertigt, indem man die Formen nach der Numerierung übereinanderklebt. Für den Kopf fixiert man die drei größeren Kreise aufeinander und einen kleineren Kreis auf jeweils eine Seite.

Eine kleinere, rote Kugel wird auf die Mitte des Gesichts geklebt. Darauf fixiert man die Augen mit aufgemalter Pupille. Die Haare werden aus circa 20 – 25 Fäden gelben Baumwollgarnes von 8 cm Länge gefertigt. Diese bindet man in der Mitte ab und schneidet dann einige Fäden für den Pony etwas kürzer. Auf den Kopf wird etwas Klebstoff aufgetragen, auf den abschließend der Haarschopf geklebt wird.

Aufhängung

Kreuztyp B
1 Hauptstrebe: 14 cm
2 Querstreben: 12 cm
A = Kopf
B = Körper
C = Beine

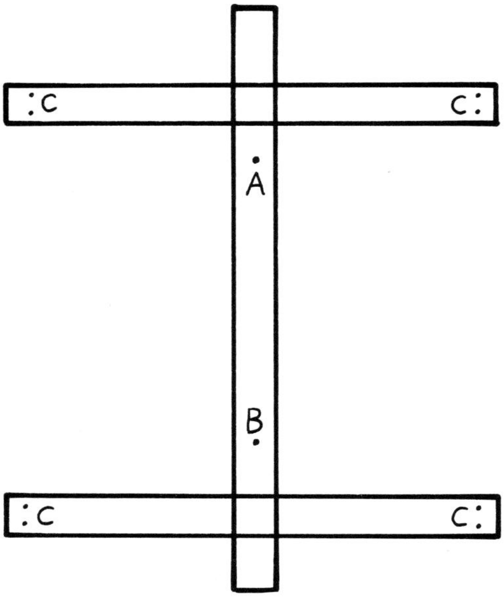

Der Storch Isebar

Langbeinig stakst der Storch Isebar durch das Moor, wenn er nicht gerade damit beschäftigt ist, kleine Babys auszuliefern. Diese Marionette eignet sich auch bestens als Geschenk für frischgebackene Eltern.

Material

- 3 mm starkes Moosgummi in den Farben Weiß, Orange und Rot
- 2 rote Holzkügelchen
- 1 Schaschlikspieß

Anleitung

Alle Körperteile des Storches werden gemäß der Vorlage (siehe S. 50) ausgeschnitten. Flügel und Schnabel werden aufgeklebt und zusammen mit den Augen bemalt. Die zwei Hälften der Kopf-Hals-Partie fixiert man jedoch nur am Kopf. Hals und Körper werden an den entsprechenden Stellen mit einer Gürtelzange gelocht. In das Loch am Körper schiebt man nun ein etwa 5 cm langes Stück eines Schaschlikspießes.
Auf jede Seite wird eine Unterlegscheibe geschoben und darauf die Kopf-Hals-Partie. Den Abschluß der Achse bilden zwei weiße Moosgummipunkte.
Nun gehen wir über zu den Storchenbeinen: Hierfür klebt man zunächst die zwei Unterschenkel senkrecht auf jeweils einen Fuß. Danach nimmt man Nadel und Faden zur Hand und verknotet diesen am oberen Rand des Unterschenkels. Eine rote Kugel wird als Kniegelenk auf den Faden geschoben, der ebenfalls am Unterschenkel befestigt wird. Auch der Oberschenkel wird auf diese Weise mit der Kugel verbunden. Um die Storchenbeine komplett zu machen, klebt man noch den Federansatz der Stelzen auf die Oberschenkel. Die Beine und die entsprechende Stelle am Körper werden gelocht. Auch hier wird der Vorgang, den wir schon bei der Anbringung der Kopf-Hals-Partie angewandt haben, wiederholt.
Ein 5 cm langes Hölzchen wird durch das Loch geschoben, erhält auf jeder Seite eine Unterlegscheibe und abschließend einen weißen Moosgummipunkt auf jedem Ende.

Aufhängung

Kreuztyp A
1 Hauptstrebe: 12 cm
1 Querstrebe: 10 cm
A = Kopf
B = Körper
C = Füße

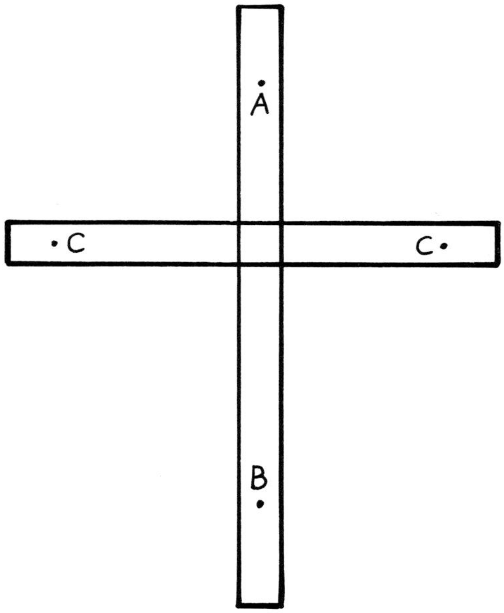

Aufhängung Storch Isebar

Der Vogel Taps

Taps, dieser gefräßige Vogel, ist wirklich in jeder Lebenslage ein Tollpatsch. Auf der Jagd nach der kleinen Raupe Tabea, die auf den nachfolgenden Seiten beschrieben ist, kommt er immer sehr schlecht weg.
Mit dieser Marionette kann man alleine oder auch in Gemeinschaft mit der kleinen Raupe lustige Aufführungen inszenieren. Das Publikum wird begeistert sein.

Material
- 3 mm starkes Moosgummi in Lila
- 2 mm starkes Moosgummi in den Farben Gelb, Orange und Grün
- 1 mm starkes Moosgummi in Weiß
- 3 Pfeifenputzer in beliebiger Farbe
- 35 kleine Kügelchen
- Nylonfaden, Nähnadel
- wasserfester, schwarzer Filzstift

Anleitung
Zunächst werden Körper, Schnabel, Augen und Kreise ausgeschnitten. Der größte Kreis bildet den Kopf und erhält auf jeder Seite ein Auge mit aufgemalter Pupille.
Der Schnabel wird etwas unterhalb der Augen auf die Schnittkante des Kopfes gesetzt. Dann verknotet man einen Nylonfaden am unteren Rand des Kopfes und zieht abwechselnd eine kleine Kugel und einen grünen Kreis auf. Der Hals des Vogels ist fertig, der jetzt am Körper befestigt wird. Bei den Vogelbeinen beginnt man mit dem größeren Kreis, an dem circa 1 cm vom Rand entfernt ein Nylonfaden verknotet wird. Wie schon bei der Halspartie werden auch hier Kugeln und gelbe Kreise abwechselnd auf den Faden geschoben.
Ein Bein besteht aus einem großen Kreis, 12 kleinen Kreisen und 13 Kügelchen. Ist ein Bein komplett, zieht man den Faden mit der Nadel durch die markierte Stelle (siehe Vorlage S. 52) und fertigt dann das zweite Bein an. Anschließend wird ein Pfeifenputzer in der Mitte geteilt.
Die beiden Pfeifenputzerstücke legt man zu einem Kreuz übereinander und verzwirbelt sie anschließend am Berührungspunkt miteinander. Alle Enden werden nach oben gebogen und die äußersten Spitzen wieder nach außen. So entsteht ein lustiger Kopfschmuck für den Vogel, der mit Kleber versehen und auf den Kopf gesetzt wird. Für den Schwanz werden die Enden eines Pfeifenputzers zur Mitte hin gebogen, so daß zwei Schlaufen entstehen. Diese knickt man zusammen, bis sie sich berühren. Dazwischen setzt man einen halben, gebogenen Pfeifenputzer. Die Enden werden miteinander verzwirbelt und am Körperende fixiert.

Aufhängung

Kreuztyp A
1 Hauptstrebe: 20 cm
1 Querstrebe: 20 cm
A = Kopf
B = Körper
C = Füße

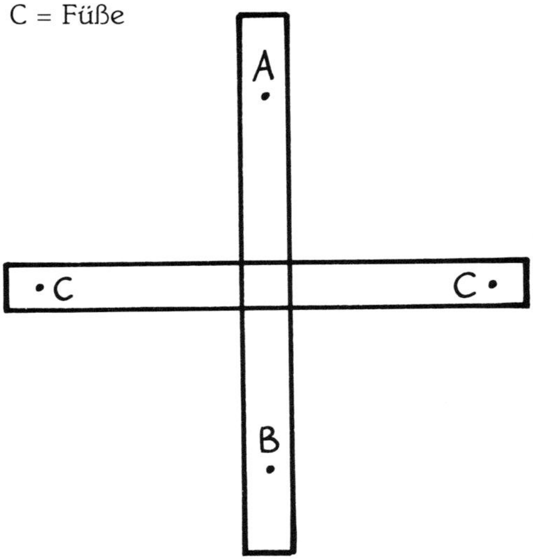

An Kopf, Körper und beiden Füßen werden Nylonfäden befestigt, die dann an den entsprechenden Stellen am Kreuz verknotet werden.

Die Raupe Tabea

Für kleine Bastler ist dieses bunte und lustige Geschöpf bestens geeignet, da man für ihre Herstellung fast ganz auf Klebstoff verzichten kann und der Körper nur aus Kreisen besteht.

Material

- 2 mm starkes Moosgummi in den Farben Blau, Grün, Gelb, Lila und Orange
- 27 farbige kleine Holzkugeln
- 1 rotes Kügelchen als Nase
- 2 dicke Kugeln für die Aufhängung
- 1 halbe Holzkugel
- 1 gelber Pfeifenputzer
- Nylonfaden, Nähnadel
- schwarzer, wasserfester Filzstift

Anleitung

Nachdem wir die Kreise und die Augen, die wir für die Herstellung der Raupe benötigen, ausgeschnitten haben, beginnen wir mit dem Kopf.
Zwei kleine orangefarbene Kreise werden so aufeinandergeklebt, daß 1 cm Rand klebstofffrei bleibt, da später zwischen den Kreisen der Fühler befestigt werden soll. Dieser wird aus einem etwa 10 cm langen und in der Mitte geknickten Pfeifenputzer, auf dessen Enden jeweils eine Kugel geklebt wird, angefertigt.
An der Knickstelle tragen wir nun etwas Klebstoff auf und schieben sie, wie zuvor schon erwähnt, zwischen die zwei Kreise.
Jetzt wird ein langer Nylonfaden genau in der Mitte des Raupengesichtes verknotet. Auf die Knotenstelle wird die rote Nase, in Form einer kleinen roten Kugel, gesetzt. Die Augen mit eingemalter Pupille klebt man zwischen Nase und Fühler (Vorlagen S. 53).
Bevor wir die Kreise auf den Nylonfaden aufziehen, sollten sie nach Farbe und Größe geordnet werden.
Nun fädelt man, im Wechsel mit den Kügelchen, den jeweils etwas größeren Kreis der Reihe nach auf. Ist man bei dem größten Kreis angelangt, wiederholt man den Vorgang mit dem jeweils kleineren Kreis. In meinem Beispiel ist die Farbenfolge: Orange, Gelb, Lila, Grün, Blau, Grün, Lila, Gelb, Orange etc.
Am letzten Kreis angekommen, verknoten wir den Faden sorgfältig. Zum Schluß kleben wir noch eine Halbkugel auf die Knotenstelle.

Aufhängung

Ein langer Nylonfaden wird am Kopf zwischen den beiden Fühlern der Raupe verknotet.

Dann zieht man eine dicke Kugel auf den Faden und verschlingt diesen mehrmals in der Mitte des Körpers; wiederum wird eine dicke Kugel aufgezogen.
Abschließend wird der Nylonfaden am Raupenende verknotet. Will man die Raupe vor dem gefräßigen Vogel Taps in Sicherheit bringen, nimmt man dazu die beiden Kugeln zur Hand und führt sie daran in ihr Versteck.

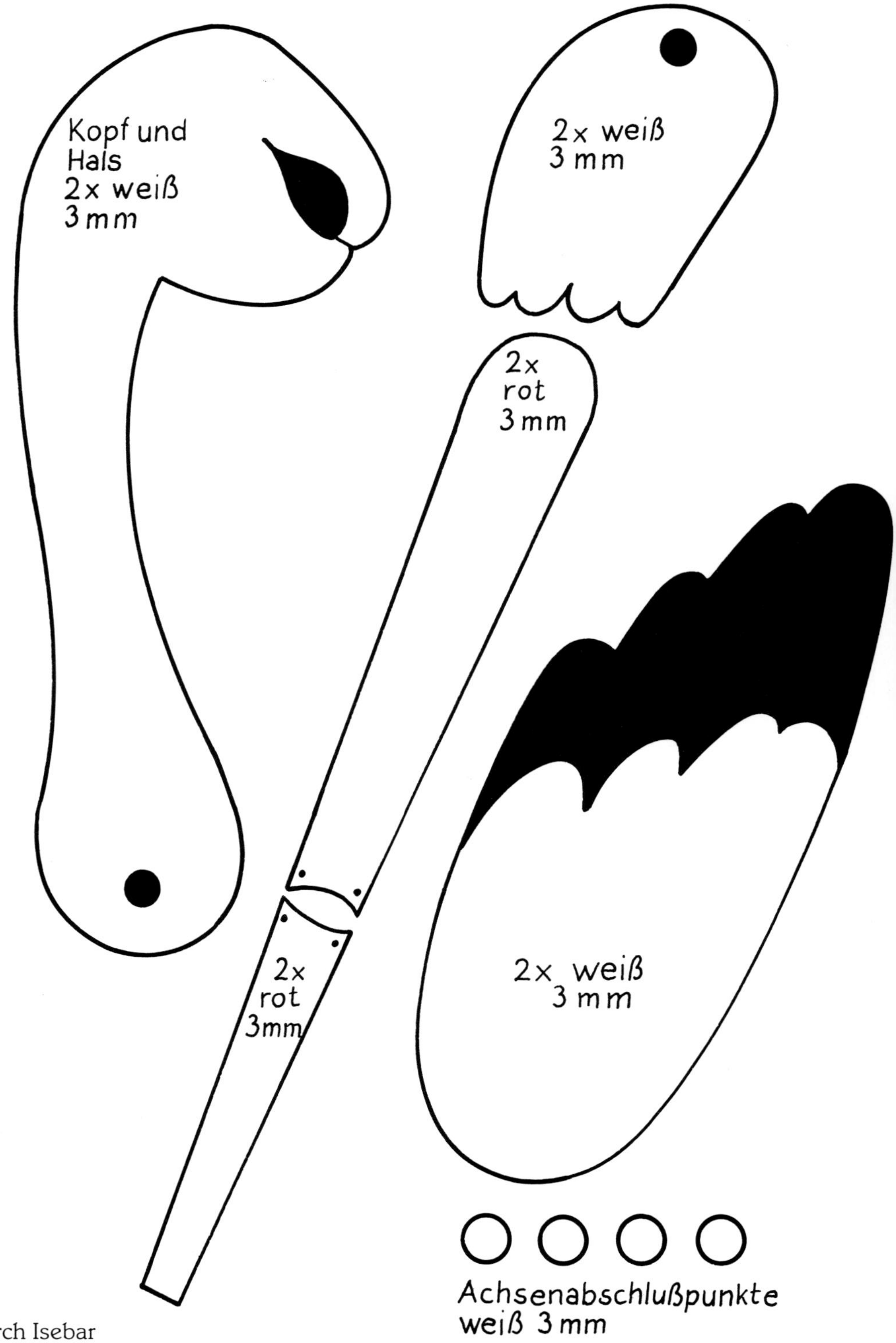

Storch Isebar

Füße 2x rot
3mm

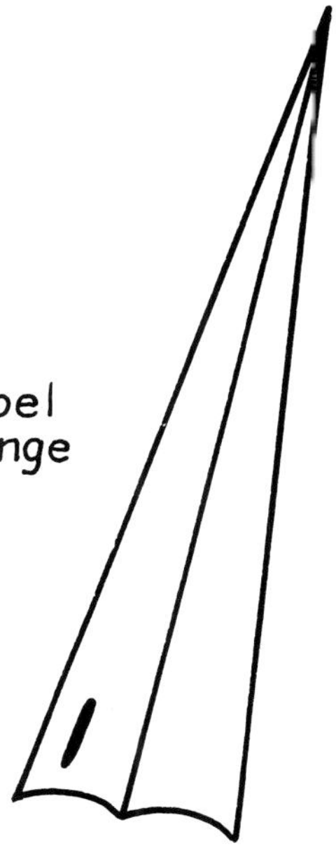
Schnabel
2x orange
3mm

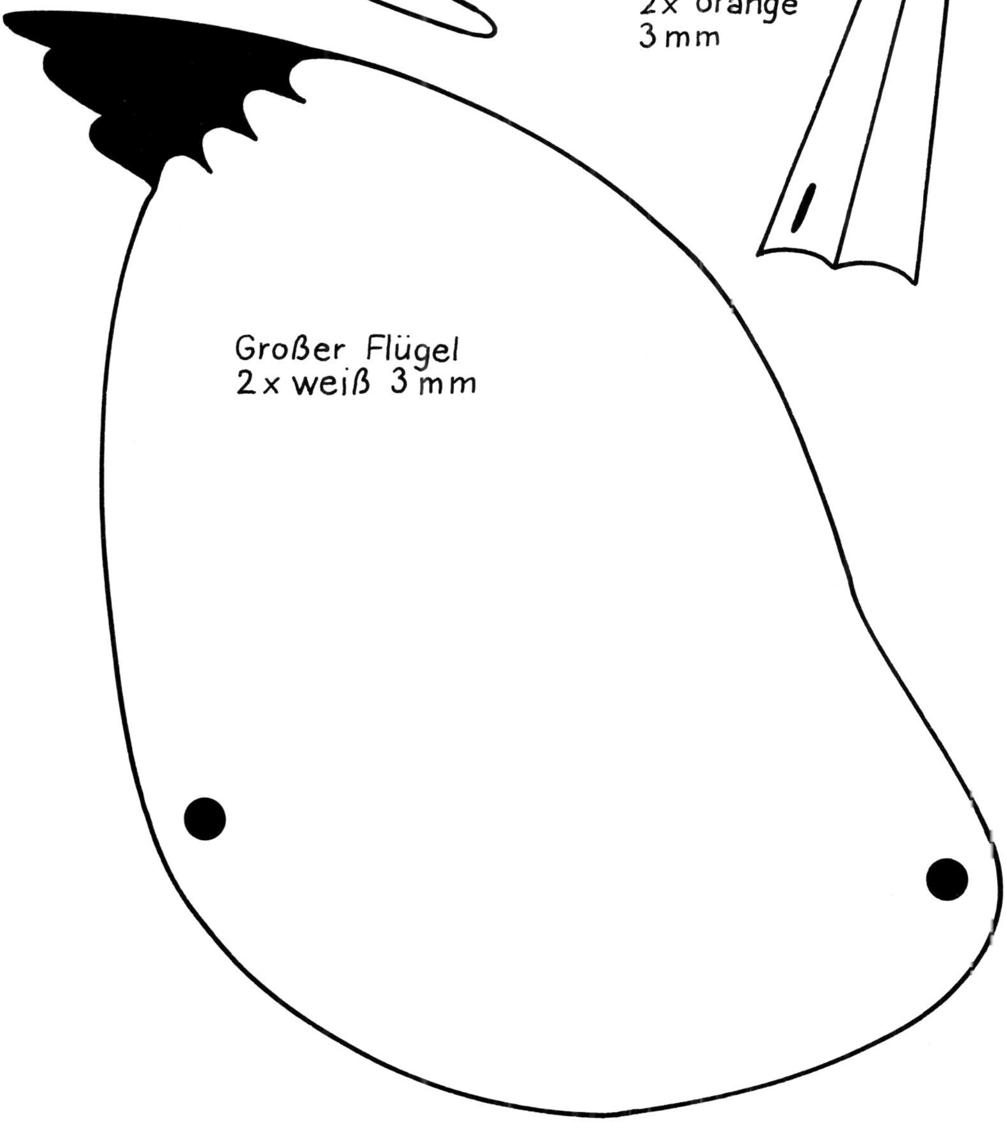
Großer Flügel
2x weiß 3mm

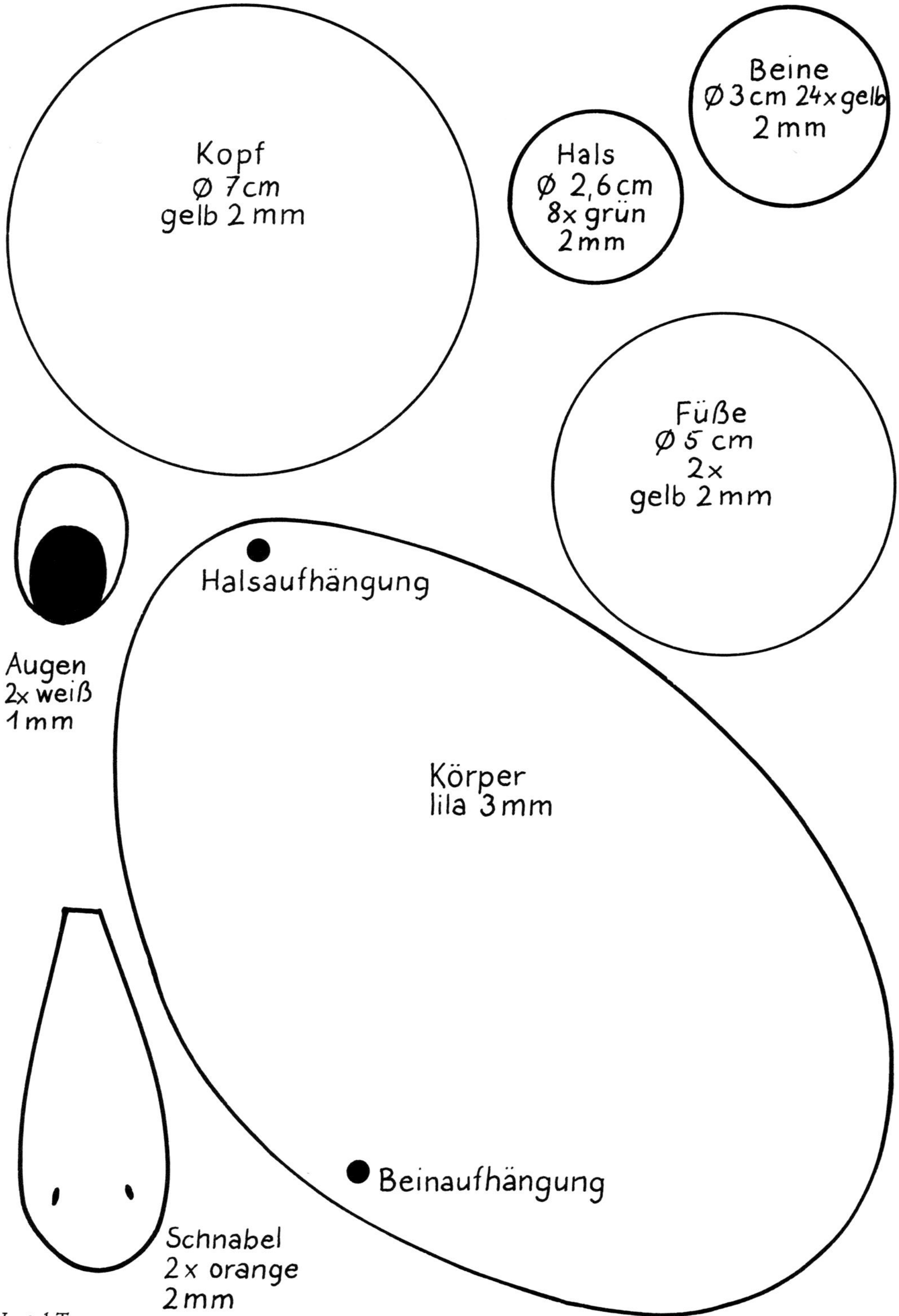
Kopf
Ø 7cm
gelb 2 mm
Hals
Ø 2,6 cm
8x grün
2mm
Beine
Ø 3 cm 24x gelb
2 mm
Füße
Ø 5 cm
2x
gelb 2mm
Halsaufhängung
Augen
2x weiß
1mm
Körper
lila 3mm
Beinaufhängung
Schnabel
2x orange
2mm

Vogel Taps

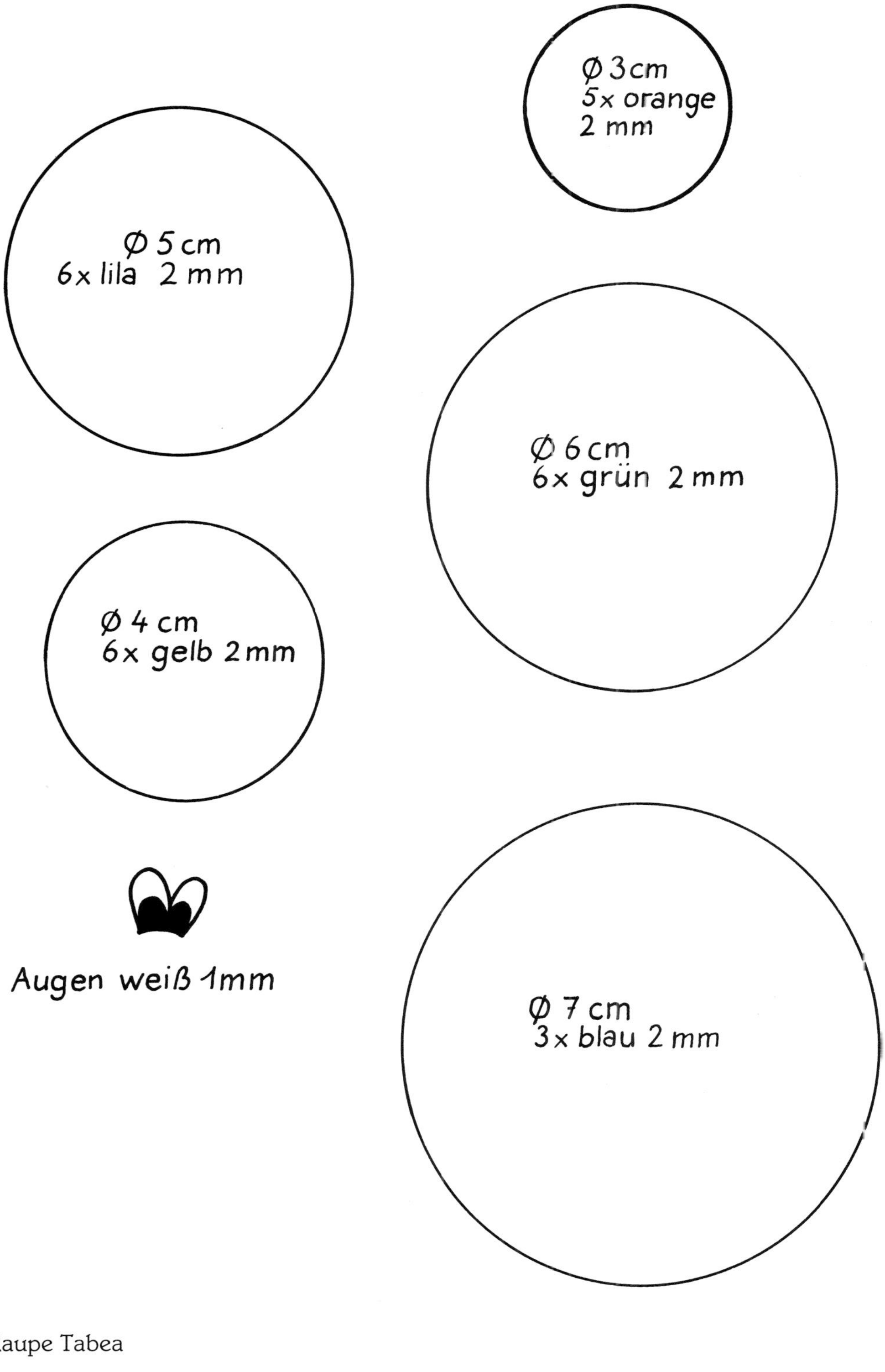
Ø 3 cm
5x orange
2 mm
Ø 5 cm
6x lila 2 mm
Ø 6 cm
6x grün 2 mm
Ø 4 cm
6x gelb 2 mm
Augen weiß 1 mm
Ø 7 cm
3x blau 2 mm

Das Buschkänguruh

Diese Marionette ist wirklich kinderleicht. Sie besteht aus wenigen Einzelteilen, von denen nur die Beine beweglich sind; ein Schwierigkeitsgrad, der von groß und klein zu bewältigen ist.

Material
- 3 mm starkes Moosgummi in den Farben Beige und Braun
- 2 Unterlegscheiben
- Nylonfaden, Nähnadel
- Schaschlikspieß aus Holz oder Zahnstocher
- wasserfester, schwarzer Filzstift

Anleitung
Nachdem die einzelnen Körperteile gemäß der Vorlage von S. 63 ausgeschnitten sind, werden Arme, Ohren und Beutel auf den Körper geklebt. Danach malt man Augen, Mund und Nase auf. Die beiden Sprungbeine werden nun an der markierten Stelle (siehe Vorlage) mit der Gürtelzange gelocht, der Körper ebenfalls.
Durch das Loch des Körpers wird dann ein circa 4 cm langes Stück eines Schaschlikspießes oder Zahnstochers bis zur Mitte geschoben. Auf jede Seite des Hölzchens schiebt man anschließend jeweils eine Unterlegscheibe und ein Sprungbein.
Zwei kleine braune Moosgummipunkte, die auf die Enden der Achse geklebt werden, bilden den Abschluß.

Aufhängung
Kreuztyp A
1 Hauptstrebe: 11 cm
1 Querstrebe: 7 cm
A = Körper
B = Kopf
C = Füße

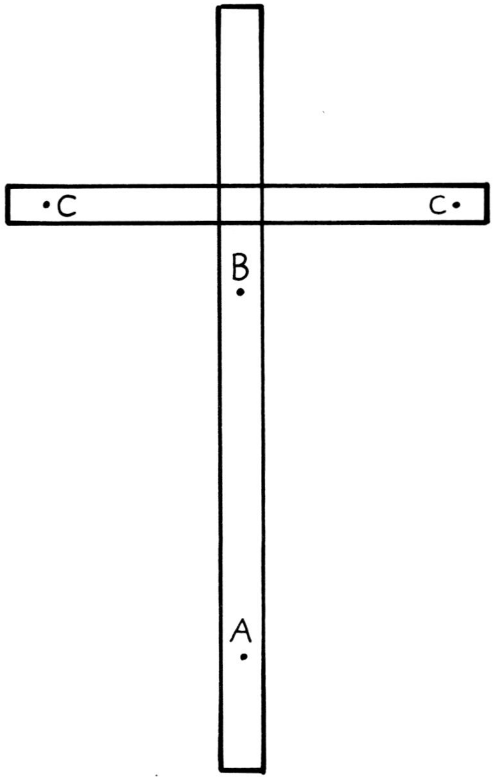

An Kopf, Körper und Füßen wird jeweils ein Nylonfaden verknotet. Daraufhin werden die Fäden an den entsprechenden Stellen am Kreuz befestigt.
Die beiden Fäden der Füße jedoch verknotet man mit ihren Enden oberhalb des Kreuzes miteinander, damit sich bei deren Betätigung beide Beine auf einmal bewegen und es wie ein Sprung aussieht.

Der Elefant „Töröh“

Für diesen Kameraden braucht man etwas mehr Fingerspitzengefühl. Er besteht aus vielen kleinen Einzelteilen, aber wer sich nicht gerade wie ein Elefant im Porzellanladen anstellt, bringt auch „Töröh“ zustande.

Material

- 1 mm starkes Moosgummi in den Farben Grau und Weiß
- 4 holzfarbene Kügelchen
- Nylonfaden, Nähnadel
- wasserfester, schwarzer Filzstift

Anleitung

Alle Teile werden gemäß der Vorlage von Seite 62 ausgeschnitten. Auf die Grundform des Elefanten klebt man beidseitig die nächstkleinere Form auf.
Dann fertigt man den Rüssel an, indem man ebenfalls die jeweils kleineren Kreise auf den größeren setzt. Versetzt man die Moosgummipunkte etwas nach unten und zum Ende hingehend wieder nach oben, erhält man einen schön geschwungenen Rüssel, der auf die gerade Schnittkante am Kopf geklebt wird.
Nun fixiert man die Augen mit aufgemalter Pupille beidseitig am Kopf. Stoßzähne und Ohren werden ebenfalls aufgeklebt.
Jedes Bein besteht aus einem etwas größeren Kreis, an dem, einen halben Zentimeter vom Rand, ein Nylonfaden befestigt wird, auf den zunächst 17 kleine Kreise und ein holzfarbenes Kügelchen gezogen werden. Alle vier Beine werden an der in der Vorlage gekennzeichneten Stelle am Körper verknotet.

Aufhängung

Kreuztyp B
1 Hauptstrebe: 10 cm
2 Querstreben: 8 cm
A = Kopf
B = Körper
C = Vorderfüße
D = Hinterfüße

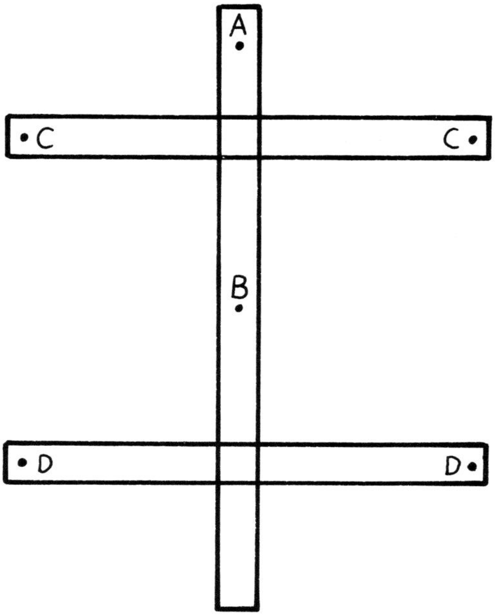

Der Löwe Fridolin

Der König der Tiere hat auch als Marionette einen Ehrenplatz verdient, zum Beispiel im Fenster, unter der Lampe oder überm Schreibtisch. Vielleicht steht er am Anfang Ihres kleinen Marionetten-Zoos aus Moosgummi?

Material

- 3 mm starkes Moosgummi in Gelb
- 1 mm starkes Moosgummi in den Farben Braun und Weiß
- 4 Unterlegscheiben
- schwarzer, wasserfester Filzstift
- 1 Schaschlikspieß

Anleitung

Alle Teile des Löwen werden zunächst gemäß der Vorlage von Seite 60 ausgeschnitten.
Auf dem Kopf klebt man dann sowohl die Mähne als auch die Augen und den Schnurrbart. Der Mund und die Pupille müssen aufgemalt werden. Danach werden an den eingezeichneten Punkten (siehe Vorlage) mit der Gürtelzange Löcher für die Achsen gestanzt, in die je ein 3 cm langes Stück eines Schaschlikspießes geschoben wird. Darauf schiebt man dann von jeder Seite eine Unterlegscheibe und ein Bein.
Anschließend erhalten die Achsen auf jedem Ende einen gelben Moosgummipunkt, der verhindert, daß die Glieder wieder herausfallen.
Zuletzt wird der Schwanz mit aufgeklebtem, braunen Pinsel und der Kopf am Körper befestigt.

Aufhängung

Kreuztyp B
1 Hauptstrebe: 14 cm
2 Querstreben: 6 cm
A = Kopf
B = Körper/Hinterteil
C = Vorderpfoten
D = Hinterpfoten

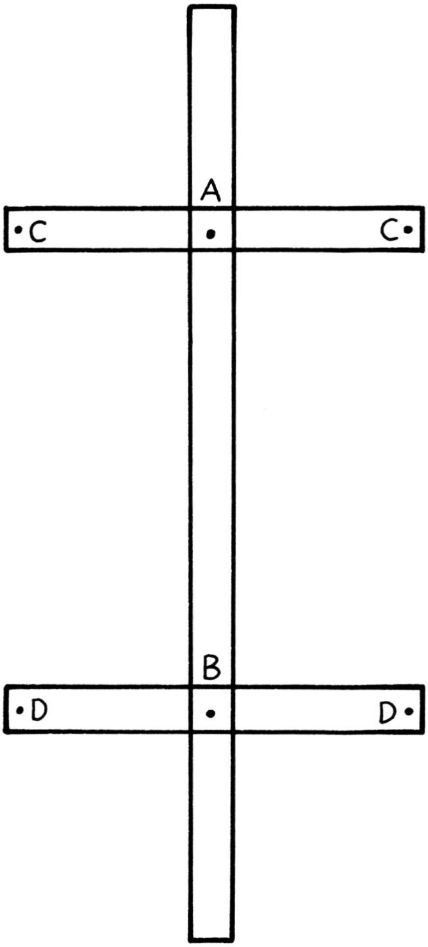

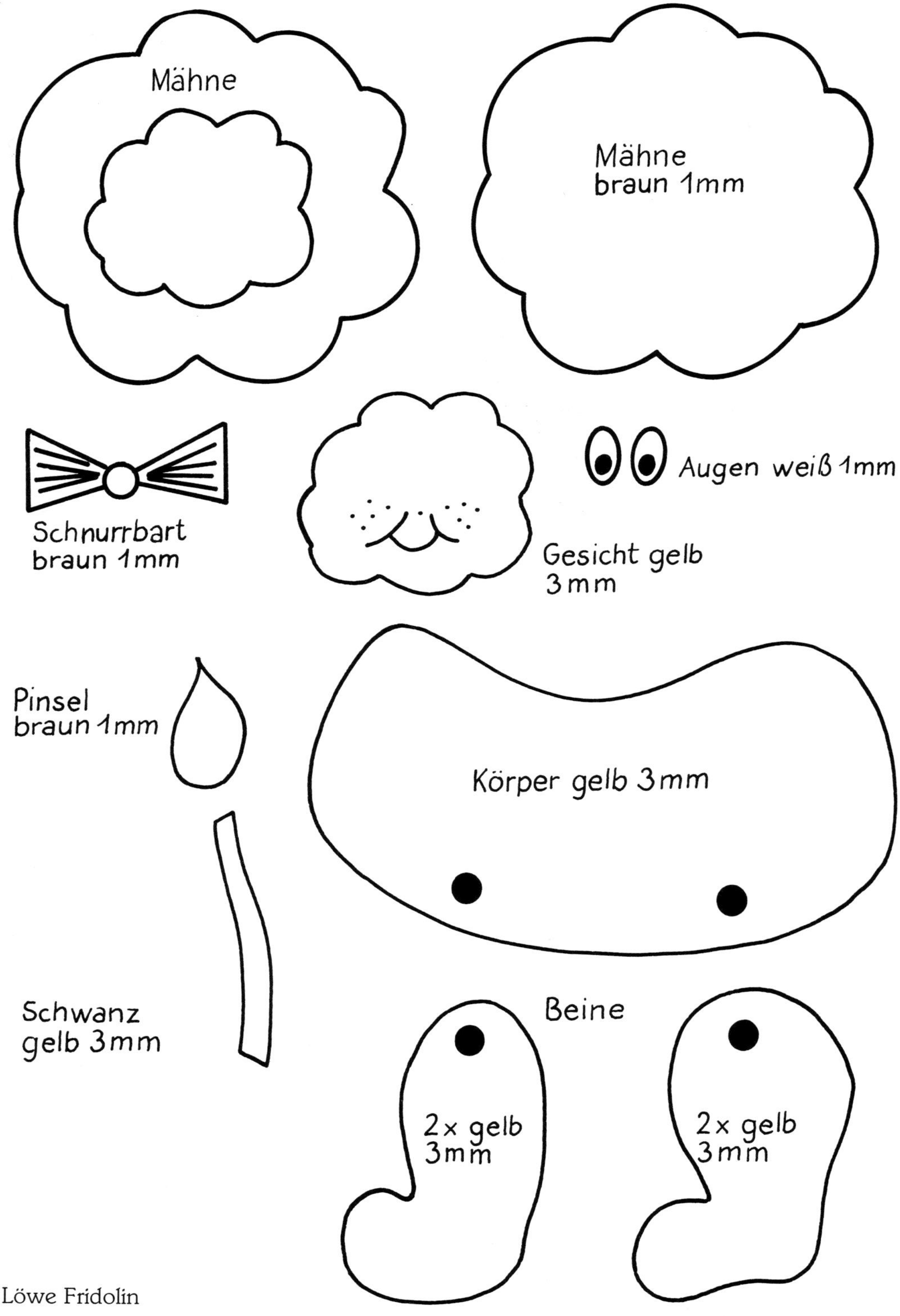
Mähne
Mähne
braun 1mm
Schnurrbart
braun 1mm
Augen weiß 1mm
Gesicht gelb
3mm
Pinsel
braun 1mm
Körper gelb 3mm
Schwanz
gelb 3mm
Beine
2x gelb
3mm
2x gelb
3mm

Froggy Frosch

Frosch und Storch sind weit und breit die besten Freunde, die man sich vorstellen kann. Nur eines darf der Storch nicht haben: Hunger. Dann muß der Frosch schnell ins Moor hüpfen und sich in Sicherheit bringen. Natürlich strapaziert diese Gefräßigkeit die Freundschaft sehr, aber Froggy ist zum Glück nicht nachtragend.

Material

- 2 mm starkes Moosgummi in Grün
- 1 mm starkes Moosgummi in Weiß
- 2 Schaschlikspieße
- schwarzer Filzstift
- 1 Spirale

Anleitung

Die Körperteile des Frosches werden gemäß der Vorlage von Seite 64 ausgeschnitten. Nun klebt man die Augen mit aufgemalter Pupille auf. Die einzelnen Schenkel klebt man im rechten Winkel auf jeweils einen Froschfuß. Danach locht man die beiden Körperhälften und die vier Schenkel an den markierten Stellen (siehe Vorlage). Eine Zwischenverstrebung, deren Form vierfach übereinander geklebt wurde, klebt man senkrecht auf die Mitte einer Körperhälfte.

Anschließend trägt man etwas Klebstoff auf den Rand des Körpers auf, wobei der untere Rand klebstofffrei bleibt. Auch die Schnittkante der Verstrebung erhält etwas Kleber. Die zweite Körperhälfte wird daraufhin paßgerecht auf die andere Hälfte geklebt. Nun schiebt man zwei Schaschlikspieße von circa 15 cm Länge, von denen zuvor die Spitzen abgeschnitten werden, parallel zueinander durch die Löcher des Körpers. Weiterhin wird auf jede Seite ein Schenkel gesteckt. Die Achsen werden mit kleinen grünen Moosgummipunkten, die auf deren Enden sitzen, abgeschlossen.

Aufhängung

Das eine Ende der Spirale wird durch die Mitte des Froschrückens am gekennzeichneten Punkt gesteckt und dann verzwirbelt.

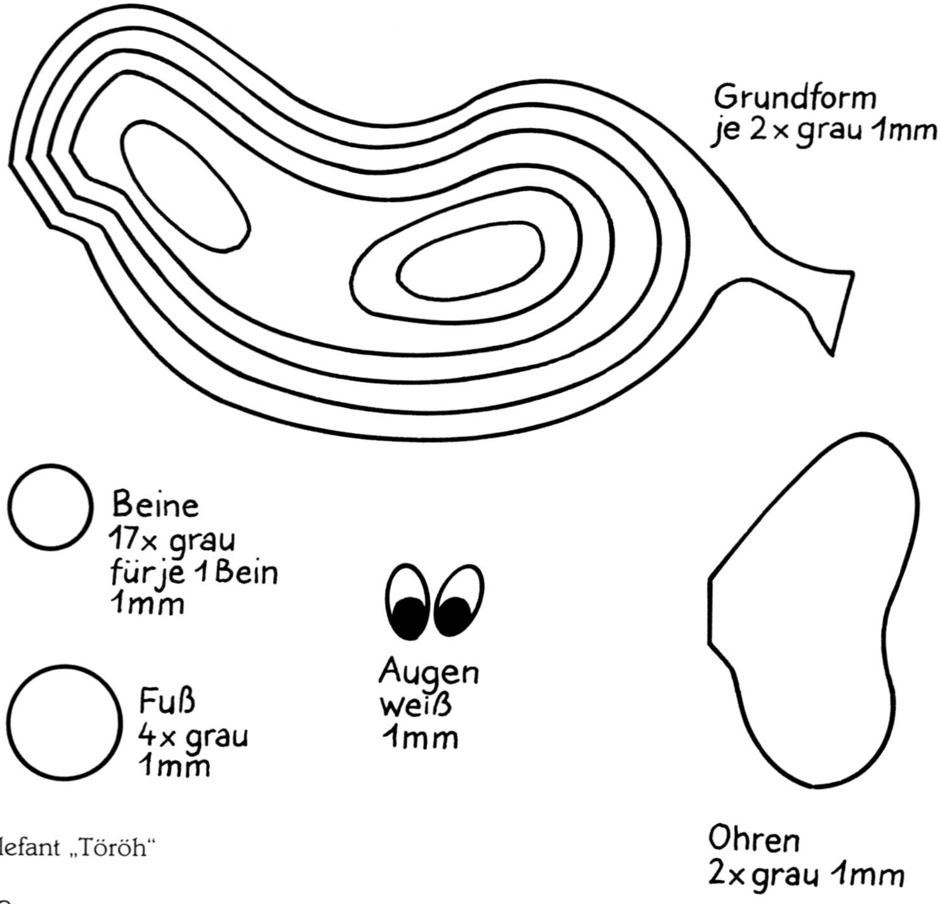

Elefant „Töröh"

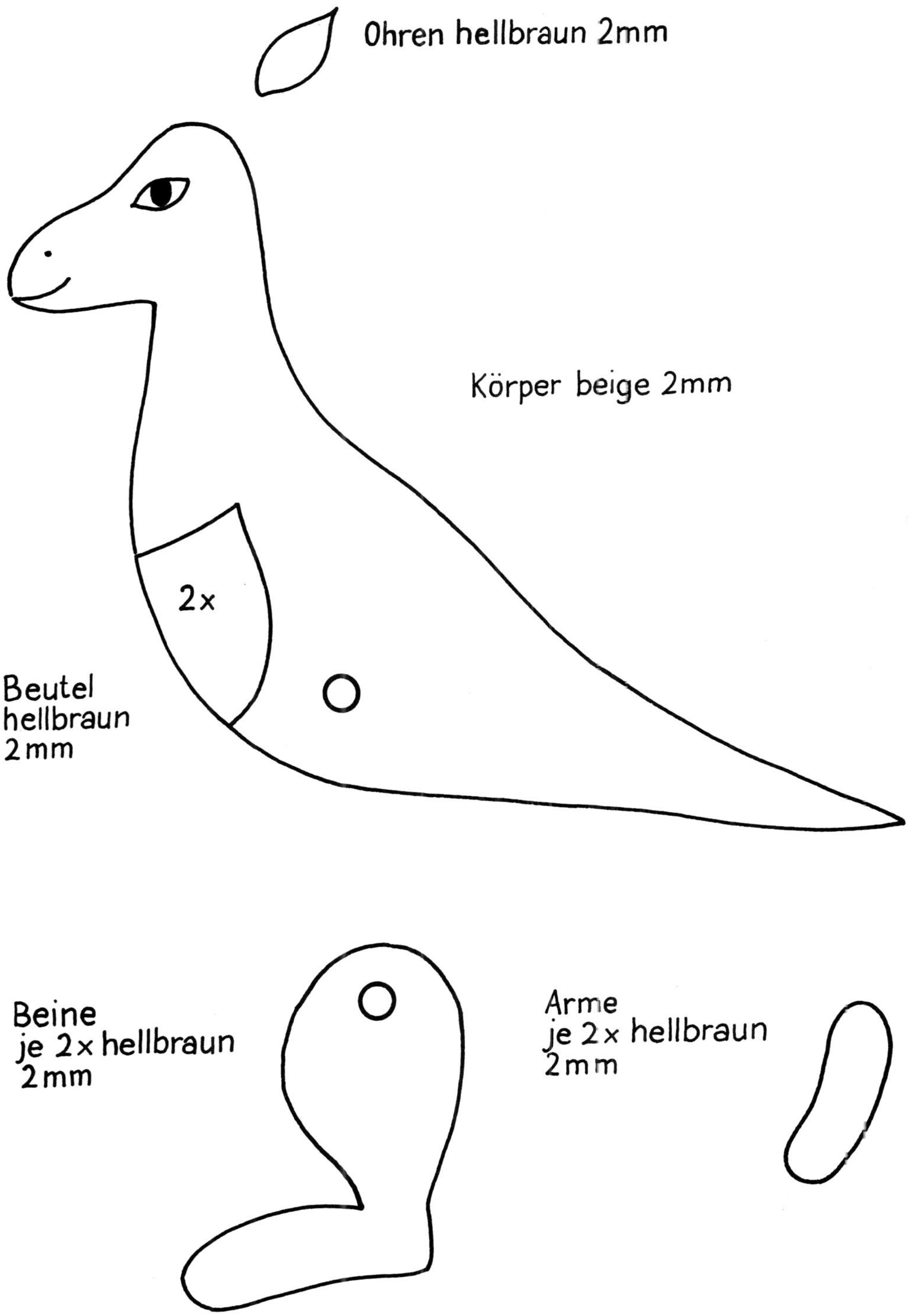

Buschkänguruh

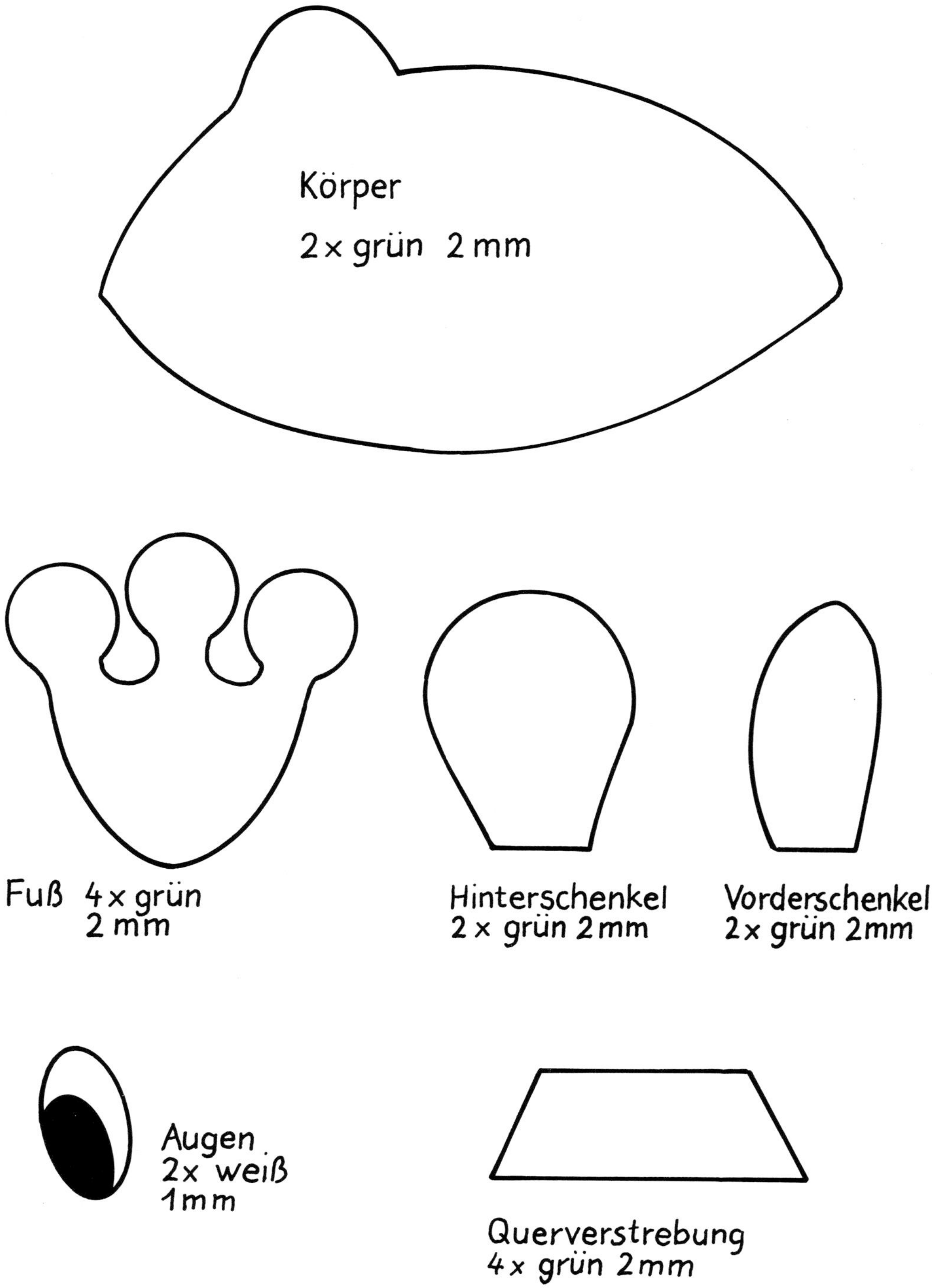
Körper
2x grün 2 mm
Fuß 4x grün
2 mm
Hinterschenkel
2 x grün 2mm
Vorderschenkel
2x grün 2mm
Augen
2x weiß
1mm
Querverstrebung
4x grün 2mm